知运领航财富人生
www.duoshou108.com

波动交易策略

三合线定买卖点

【英】菲利普·图德拉 著

罗细华 译

山西出版传媒集团
山西人民出版社

图书在版编目（CIP）数据

波动交易策略：三合线定买卖点／（英）图德拉著；
罗细华译．--太原：山西人民出版社，2016.10
ISBN 978-7-203-08169-2

Ⅰ．①波… Ⅱ．①图… ②罗… Ⅲ．①股票交易-基本知识 Ⅳ．①F830.91

中国版本图书馆 CIP 数据核字（2013）第 081848 号
著作权合同登记号　图字:04-2013-005

波动交易策略：三合线定买卖点

著　　者：	（英）菲利普·图德拉
译　　者：	罗细华
责任编辑：	魏美荣
出 版 者：	山西出版传媒集团·山西人民出版社
地　　址：	太原市建设南路 21 号
邮　　编：	030012
发行营销：	0351-4922220　4955996　4956039　4922127（传真）
天猫官网：	http://sxrmcbs.tmall.com　电话:0351-4922159
E-mail：	sxskcb@163.com　发行部
	sxskcb@126.com　总编室
网　　址：	www.sxskcb.com
经 销 者：	山西出版传媒集团·山西人民出版社
承 印 者：	大厂回族自治县德诚印务有限公司
开　　本：	710mm×1000mm　1/16
成品尺寸：	170×240
印　　张：	16.875
字　　数：	248 千字
印　　数：	1-5100 册
版　　次：	2016 年 10 月　第 1 版
印　　次：	2016 年 10 月　第 1 次印刷
书　　号：	978-7-203-08169-2
定　　价：	58.00 元

如有印装质量问题请与本社联系调换

序言：成为交易高手的方法

永恒的交易学问

本书的目的是为你提供一个能读懂市场的更好工具。本书中的信息能让你在不依赖技术指标的情况下分析和交易。本书以一种独特的方法将交易技术的新旧知识结合在一起。这种方法帮你形成一种全新的市场观，为技术分析和市场结构分析提供不同角度的更好的理解。

我们并不放弃任何方法。相反，我们在试图提高你对市场现况的认识，让你对市场如何运行、交易如何与波动相联系有更为深刻的见解。我们所教给你的是解读和交易市场的方法。

三合线系统是能够精准描绘市场行为的一个模式。市场是在按趋势运行还是处于态度不明的震荡中？如果在趋势运行，市场是在上升还是在下降？关于趋势，从事后来看显而易见，但是当趋势的"苗头"首次出现的时候，它通常并不那么明显。没有相当长时间的实践，并不是每个人都能"看"出来市场的走势。

大多数人对自己预测市场的能力表示怀疑，然而却对正确评估现在和目前正发生什么缺乏重视。我认为准确描绘市场现在正在发生什么要重要得多！既然预测会成为过去，那就没有必要去预测。你要做的就是努力去搞明白，到目前为止市场正在发生着什么。这就是市场对你提出的要求。

我们的方法就是提供三合线这个工具。借助这个工具来学习那些市场要教给你的课程。

为什么多数交易者都失败了？

交易是很费力的事情，很容易损失金钱。许多人尝试过各种方法，而在尝试了几乎一切之后，最后以损失告终。在大量案例中，损失都会让交易者陷入情绪化，然后他们就会永远随意交易。你可以避免这样。你没有必要在市场上成为一个永远的失败者。

那么为什么这些失败会发生，为什么这些未来的交易者接连承受金钱上的损失？这里分析了一些原因：

1. 缺少知识，缺少实践。交易者们还没有理解市场是什么和交易是什么就走进了市场。他们以为只需有实时资讯、咨询服务或交易方法就可以帮助他们变得富有。

2. 他们不知道怎样确定市场所处趋势。他们以为市场在上升，而实际上是在下降，或者说当市场在下降的时候，他们却判断为上升。即使这些交易者能够准备辨别趋势，他们也在反向操作。当市场在上升的时候他们卖出等调整，而当市场下降的时候他们却买进博反弹，希望以此多挣几个小钱。当交易者错误判断趋势的时候，他们就会错误地设置止损，导致止损位总是被触发，然后就是结束交易，资金损失。

3. 即使交易者知道怎样正确地了解市场和正确放置止损，他也通常过量交易，因为他不了解风险。他没有交易原则，最终自我毁灭。这是许多伟大交易家和市场人士的命运。

所有这些错误都能避免，尽管并不那么容易做到。那么怎么去避免呢？很简单，只要了解市场就可以。现在我来解释一下市场中所有成功的基础。

市场中成功的关键

对交易学的理解是市场上成功的关键。这是一门积累了几个世纪的智慧的科学。它是一门没必要等待复杂指标或者是软件程序才能获得收益的科学。

交易学是一门自给自足的古老学科,虽然它能从最新的数学工具和现有最好的软件中获益。它能通过简单地检测一个图表,使一位专家级交易者知道市场中正在发生着什么。除了确切地存在于市场之中的信息,指标告诉不了我们任何东西。

写这本书的目标就是教你怎么读懂市场结构。你只需价格图就可以。我们所做的就是创建一个简单的工具,只用一组简单的元素,这个工具就能教会你读懂市场,就像一些交易老手一般。我们给你一个新的工具,结合图表分析与波段交易这类最古老的方法。换句话说,本书让你学会识别市场波动,培养对市场的第六感。然后你就能辨别转折点,并从中获益。

老一代交易者们知道怎样读懂市场波动,像乔治·道格拉斯,他是 1950 年的交易者。他对粮食市场有如此熟练又精通的知识以至于他以此为生。泰勒是个真正的波段交易师。波段交易师不去预测。相反,他遵守市场波动的自然成交量。他明白市场有其自身的语言,这种语言是他必须去学习的。

阅读价格图表有多种方法,本书提供一个新的方法。我创建的就是一个市场自然运动的模型,它使你能测量市场波动而不添加主观影响。这个模型只有三个要素:反转点、三合线和波段。

这个三元模型不仅提供了客观测量市场波动和其模式的方法,也使你能发现"市场的内部策略"。当你理解了内部策略,你将在交易中拥有巨大优势。

Metastock 的三合线公式在附录中。

目　录

第1章　市场波动本质 ·· 1
　　波动是市场行为的线索 ·· 1
　　市场走势的关键因素 ··· 12
　　三合线 ··· 18
　　基本市场结构 ·· 24

第2章　怎样测量波动 ··· 29
　　基本市场周期 ·· 29
　　测量市场 ·· 31
　　有意义的波段 ·· 45

第3章　辨别市场所处阶段 ·· 53
　　市场阶段的起源和本性 ··· 53
　　时间之轮 ·· 56
　　形态的内部结构 ·· 70

第4章　市场阶段改变的条件 ·· 75
　　基本市场结构：市场力量的关键 ···································· 75
　　市场力量和时间因素 ··· 83

能量因素 ……………………………………………… 88
时间因素 ……………………………………………… 95

第5章　成功交易的基本原理和策略 ………………… 101
使用基本市场结构来进行交易 ……………………… 101
基本交易策略 ………………………………………… 107
根据三合线，在哪里开始交易？ …………………… 111

第6章　极为关键的买进和卖出模式 …………………… 117
等待模式 ……………………………………………… 117
买进模式 ……………………………………………… 119
卖出模式 ……………………………………………… 136

第7章　三合线交易波段 ………………………………… 153
算术测量手段 ………………………………………… 153
交易前先度量市场波段 ……………………………… 161
建立你的第六感 ……………………………………… 166

第8章　三合线结合指标交易 …………………………… 173
为什么指标给出众多错误信号 ……………………… 173
三合线结合均线交易 ………………………………… 179
三合线结合MACD交易 ……………………………… 190
三合线结合KDJ交易 ………………………………… 193
三合线结合绝对偏差指标交易 ……………………… 195

第9章　三合线的形态交易 ……………………………… 201
顶底交易 ……………………………………………… 201
交易三角形 …………………………………………… 207
缺口交易 ……………………………………………… 211

第10章　成功的唯一方法：控制风险 ………………… 215
为什么你不能交易过量 ……………………………… 215

寻找合适的风险/回报率 ………………………… 218

第 11 章 资金管理比你所想的要容易 …………………… 221
资金管理是秘诀 ………………………………… 221
资金管理的逻辑 ………………………………… 223
资金管理工具 …………………………………… 226

第 12 章 如何寻找一种真正起作用的交易系统 ………… 233
起作用的是它的主要元素 ……………………… 233
关于秘诀的秘密 ………………………………… 235
边界逻辑和资金管理 …………………………… 238

第 13 章 怎样创建交易计划 ……………………………… 243
寻找思路 ………………………………………… 243
发展并测试你的想法 …………………………… 245
把一切都记录下来：制作一个操作手册 ……… 248

第 14 章 现在尝试一下这个简单实验 …………………… 251
建立你自己的交易实验室 ……………………… 251
创建你的第一个交易系统 ……………………… 252
现在就去做！ …………………………………… 253

结　　语 ………………………………………………… 255

附录：三合线公式（Metastock 语言）………………… 257

第1章 市场波动本质

波动是市场行为的线索

什么是波动？波动就是振荡，每一个市场都有一个波动率。市场中证券的价格并不是固定的，而是随时处于变动中，给我们的直观感受就是跳动的一连串报价。

波动发生在特定的时间和地点，不同市场的波动节奏不仅与该市场模式和结构匹配，也与其周期和时间架构吻合。找到了市场的波动率，也就掌握了有效交易的关键！每一个市场都有自己的规律，比如有色金属市场不会像粮食市场那样波动。股票和金融期货市场的波动也不一样。

来看一下粮食期货的图表吧。

我们比较大豆走势与明尼苏达矿务及制造业公司的股票走势，它们的个性差异是那么一目了然，大豆图在形式上是周期性的，并不时出现大级别牛市，而明尼苏达矿务及制造业公司的股票走势则是持续上升且没有周期性的。

为什么存在这种差异？因为两者的波动率不同，它们的价格以不同的方式和节奏在波动。

所以，专业交易者需要依靠关键数字来鉴别每一个市场的特定波动率，由此揭秘市场特性，与之和谐交易。

关于波动率的讨论并不新鲜。证券交易家兼作家 R. D. 维科夫一直都铭记这个波动率。他把这称为市场的特性。维科夫建议客户只交易少量股票，因为他认为这样才可以了解到股票的微妙走势。

维科夫在他的有声图书中提供了一个方法来洞察和了解每一种股票的特性（维科夫意识到每一种股票都有其本身的特性。他说："股票有自己的习惯和个性，就像人类或动物一样独特。经过深入研究之后，交易者们就对这些习惯极为熟悉。"他还说我们也应当去研究股票的"心情"。在维科夫看来，股票可能是"领导者"或是"跟随者"，也可能"顽固"或"放肆"等等。——编者注）。在维科夫看来，有些股票是引领者，有些则是跟随者。有些股票以一定的方式变化，而另外的以其他的方式变化。维科夫称股票有特性这种说法起源于波动率。

每一只股票、每一个市场都在以其独特的方式波动，这才是真正的关键所在，也正是市场的秘密所在！如果把繁复的技术分析删减到只剩一个，那剩下的正是波动率，所有的市场振荡源于它、表现它。

对专业交易者来说，能够理解"市场波动特性是市场结构的基石"极为重要。所谓市场结构，就是形成技术分析基础的"价格—时间结构"。这个"价格—时间结构"是以固有节奏波动的一个流量。我们需要理解这种市场结构和波动率，因为这会使得它们本身在市场的时间/价格流量上一目了然。

当然，成交量也是这个结构的一部分，我们不能把它从价格和时间流量上分离出来。这就是为什么对任何特定时间点上的特定价格来说，都有一个确定且独特的成交量。

第1章 市场波动本质

在处理期货市场结构的时候，我们也可以加入持仓量。

在本书中，我们只研究时间和价格这两种元素，它阐述了市场结构，并通过波动的顺序使得波动率显而易见。而这种顺序有一个确切的模式。出现在市场结构中的波动率在任何市场中都要给予精确定义，不管是对股票、商品期货、金融期货还是指数等。

现在，我们来讲一讲由波动核心所引起的基本市场结构。

基本市场结构

"时间—价格流"潜伏于市场结构中。三合线模型所做的就是简单客观地描绘这种结构，这里所说的客观是指不受主观干预（比如主观地数浪）。例如，艾略特波浪研究者肯定会数波浪。他们一直武断地把波浪的数量确定为 5 个，这并没有用。何况，波浪从哪里开始又在哪里结束呢？对此，你可能像全世界艾略特波浪理论追随者一样有许多的不同答案。这样的结果并不是我们想要的，我们需要的是唯一、独特且对所有的观察者都有效的结论。

这么说，并不是指艾略特波浪理论没用，也有一些交易者运用它取得了成功。然而，它只能说是一种艺术，而并不是一种大家都认同的市场结构定义。应用艾略特波浪理论的交易者若能结合三合线市场结构模型，他就能从交易中获益。三合线让交易者有一个客观的参考，从而避免因不正确的数浪而导致的许多错误交易。

接下来再说一说江恩摆动图。江恩摆动图建立在 2 日图计算和 3 日图计算的基础上。一旦你确定是采用 3 日图计算，那么每个这么做的人都会得出同样的答案（在江恩的交易课程中，他提出了江恩摆动图，像"3 日图"，需要计算连续创出更高底部和更高顶部的天数以确定上升趋势，或者计算连续创出更低顶部和更低底部的天数以确定下降趋势——编者注）。从这种意义上来讲，江恩摆动是客观的，起作用的，并且非常有用。然而，这种方法还是要求计算，但在我们的方法里，一点都不需要计算。在解释三合线之前，我们继续讲解基本市场结构。市场的"时间—价格流"是一条波动曲线。波动形成的市场结构是一连串以不确定顺序上下运行的波段。

原始的市场周期是由这些不确定的向上或向下的波段组成。市场周期性地上行或下行。一切自由市场在结构上都具有周期性——上升、下降、上升、下降……如果一个市场正在上升，那么接下来它肯定会有下降，反之亦然。

这些周期持续的时间有长有短，从细微的振荡到持续多年的牛（熊）市，它们在结构上也类似于中国盒子（译者注：中国盒子指一种连环套，大盒子里面套着中盒子，中盒子里面又套着小盒子）。一个波动中可以包含其他的波动，也可以被包含在其他的波动中。它们在本质上是分形。每一截波段或者价格涨落都是波动。一个市场波动可以由众多的市场涨落组成。

必须说明的是，市场波段就是市场周期，与振幅和长度没有关系。用波动来定义的市场结构被技术分析和基本面分析之父查尔斯·道所正确理解了。

查尔斯·道认为理解市场波动性是打开交易之门的钥匙。他建立一个理论让投资者和分析家能理解市场结构。查尔斯·道发现的原理适用于全球市场，经受了时间的检验。他建立了一个强大的模型却并没有系统化发展，而是被收集自他为《华尔街日报》所写的文章，该理论后来由汉密尔顿和瑞亚发扬光大。

在道看来，市场能被缩减为三种运动：

1. 主要趋势或市场方向；
2. 次级折返；
3. 日常涨落。

这三种运动有以下特性：第一，都是一种波动；第二，小运动包含在大运动里面。日常涨落是包含在次级折返和主要趋势里的。

这三种运动都有一个时间范围——主要趋势可能持续几年，次级反应可能持续几个月，日常涨落可能不到一天。这三种运动都有一个时间/价格比率，市场就是建立在这三种波形之上的。这三种波形以及它们的组成方式提供了基本的市场结构。现在我们分别测试一下这三种波形。

主要趋势会持续几年，它是市场的长期趋势。没有方法来确定它持续的准确时间，然而历史走势提供了一些线索。主要趋势分成牛市和熊市，每一个都有三个阶段。

牛市的三个阶段是：

第一阶段，重返信心。希望再现，投资者再次对经济前景乐观。价格开始上升。

第二阶段，公众对股价上涨的预期实现。股市整体上升，人们再次信任市场。

第三阶段，投机买卖和通货膨胀再次到来。股票价格过高，行情即将结束。

经过以上三个阶段后，市场逆转，熊市代替牛市的时刻到来了。

熊市也有三个阶段，它们正好是前面所讲到的牛市的三个阶段的逆转。

熊市主要阶段是：

第一，对市场失去信心。投资大众不信任经济，未来似乎很暗淡，股东们都放弃希望。

第二，如此暗淡的前景导致了股东们卖掉股票，公司也看到他们收入的明显下降。

第三，抛售股票就引起恐慌，进一步导致大量抛售。大家只顾着卖出而不管股票的价值。股价陡然下跌，大家对经济景观持消极态度。这个阶段表明熊市将结束。

这两个主要趋势都包含着一个强大的折返,查尔斯·道将此称之为"次级折返"。

在次级折返中,市场向主要趋势的相反方向收缩33%到66%,同样是以波浪或振荡的形式。当次级折返发生时,很容易被错认为主要趋势改变了。把次级折返错认为主要趋势的改变是一种错误,因为一旦调整结束,市场又会重新回到它最初的主要趋势上去。次级折返持续的时间从几个星期到几个月不等。

市场的第三种运动是日常涨落,它持续的时间少于一天,在道看来是没有意义的"微波"。每一个市场的主要趋势(连同次级折返)包含5~6个波,这不是查尔斯·道的教义,也不是 W. D. 江恩的。

查尔斯·道给了我们一个简单的模型,用最少的元素来定义市场结构。这产生了他的指数——道琼斯工业指数和道琼斯交通指数。他选择用一组公司样本来代表和反映整个市场。这个样本的走势可以用他的三波形市场结构来描述。

查尔斯·道认为,他的指数是用以观察市场状况的工具。用道琼斯指数能够发现真实的市场趋势。它是一种使他能"把日常涨落从波浪中分离,把波浪从大势中分离"的系统指标。

查尔斯·道认为市场是多层结构,在他看来,市场有不同的层面。用查尔斯·道的理论,我们可以用现象学方法来研究市场,这是指对某种事件或现象的理解依赖于观察事物的角度。

例如,在一个非常短的时间里市场可能在下降,但从中期或是长期来看,它同时又是在上升,这时如何判断市场就依赖于你作为一个观察者所处的位置。在一个当日交易者看来,市场可能是在下降,但是在一个长期投资者或是中期交易者看来,市场可能在上升。这就说明,上升、下降或者处于某种状态这类特征都不是市场的本质,所谓

"上升"、"下降"只是特定时空的交易者所作的主观描述。

由此，我们得到一个规则：市场事件或是经济事件是由观察者的时空尺度来规定的。市场或经济指标可能在一个时间尺度里有上升的矢量，在另一个时间尺度里有下降的矢量。

这个尺度的概念对投资者和交易者来说是最为基本的。

市场参与者经常对"时间—价格"尺度感到迷惑不解。例如，他们在早上看新闻的时候，听说道指下跌了1%，他们就认为市场是在下降，但是他们没有意识到市场可能一直是在稳步上升，而当价格在上升的时候，上下涨落也是正常的。因此，他们将每日波动和市场的一般趋势混淆了。这就是说，相对于一个时间尺度（比如3个月）来说市场可能在上升，而相对于另一个时间尺度（比如1天）来说市场可能在下降。在每日图表和每周图表上市场可能在上升，而在当天30分钟图表中，市场可能就在下降。要判断市场是上升还是下降，我们首先必须确定和市场波动相关的时间尺度。例如，在熊市中期我们常听到某人讲，道指上涨了，他买了某某股票，然而很可能他所谓的上涨只是一个日间的涨落，并不是市场趋势的转折。

查尔斯·道用来作为整个市场模型的市场指数实际是两个指数：工业指数和交通指数，这两个指数一起运行。查尔斯·道的指数使他能够证实他的市场理论，并去预测市场走势。

查尔斯·道的市场走势理论是建立在三个运动之上的，前文已经解释过，这三重运动明确了基本市场结构和三个基本条件（瑞亚将道氏理论系统化了。他把"hypothesis"这个名称给了道氏理论的三个主要假设——编者注）。让我们来测试一下他的三个假设：

第一，非操控假设。在查尔斯·道看来，市场基本的或者主要的走势是不能被操控的。只有每日涨落和短期运动才能被操控。这种假设不仅对长期投资者有用，对那些必须对市场操控保持谨慎的短期交易者也很有用，因为市场操控很容易套住即日交易者。

第二，预期假设。市场预测未来。价格包含了所有市场行为的信息，价格反映了市场参与者的所有知识、希望和恐惧。

第三，过失预测。道氏理论是会犯错的，预测可能时不时地会出错。为了成功，一个人需要深入了解市场形势。将经济、政治、技术事件和社会因素等都联系起来是很有必要的。唯有具备这种广阔深厚的视野，才能使投资者有可能预期主要的经济趋势。道·琼斯指数就是达成这个目的的工具。

道的弟子威廉·哈密尔顿习惯于把道的指数称为"市场晴雨表"。使用晴雨表的时候，必须将市场及其组成要素作为一个整体来研究。

上面解释过的三个假设意味着股票指数是用来预测经济形势倾向的最好工具之一。这归因于股票指数结合了决定市场走势的所有复合价格因素。这种结合以一种不可被操纵的客观方式包括所有因素，不管这些因素是已知的还是未知的。

利用指数和市场结构，查尔斯·道可以通过"同步—背离"原则确定市场的方向（道创立的工业指数和交通指数，二者的关系或者是同步，或者是背离）。他发明的这一原则和方法，后来被运用到其他的各类技术指标上。

当一个指数的运动对另一个起加强巩固作用时，称为同步。如果工业指数和交通指数在主要趋势中都是上升，然后又都逆转下降，那我们就可以确定要发生逆转——暗示主要趋势会改变。在查尔斯·道的理论中，单独一个指数的走势并不充分有效，要确定市场逆转需要两个指数同步。

背离是同步的反面，即两种指数向相反的方向运动。当一个逆转的时候，另一个继续它之前的趋势。背离的意思是否定，如果一个指数逆转而另一个没有，这就意味着主要趋势可能不会改变，尽管它也有可能改变。这是不确定的信号。

按照道氏理论所提供的信号来交易的投资者，每年平均收益大约14%，当然必须是同时参考工业和交通指数来证实交易信号。

收益更大的方法是按照道氏交易信号购买基本面良好的低价股，而不购买整个指数，基本面也是道氏理论的一个重要内容，查尔斯·道本人也是基本面分析之父。事实上，他结合了技术分析和基本面分析的精华，甚至还钻研了投资心理学。

现在，我们来探索一些他在基本面分析领域的思想。查尔斯·道认为，基本面分析支配技术分析。从长远来看，价格反映价值，价值控制价格。背离是由认知分歧产生的，背离的指数或者指标迟早会走到一起。

技术分析的真正目的是预测价格变化，以便在认知分歧产生背离时能买到高价值低价格的股票。这就意味着当公众由于害怕、恐惧和无知而感觉所有股票都无价值时，专业投资者入场以便宜的价格买进高价值的股票。价格和价值之间的差异是由普通大众的认知差异造成的。当恐慌将有价值的股票打到价格低点时，通过股指给出的信号我们就可以在适当的时间买入。

当市场繁荣且疯狂的投机买卖造成股价过高时，逆转就会发生。那么，只要股票指数发出逆转信号，我们就能把这些高价股票卖掉，再以合适的价格买回来。

我们知道，查尔斯·道认为技术分析和基本面分析就像是同一个硬币的两面，两者缺一不可，一面用来描绘市场行为，决定我们投资的时间，另一面使我们能明白我们投资的真正价值（基本面分析和技术分析构成完整的市场分析，基本面分析针对价值，而技术分析针对价格。然而，对交易来说，技术分析优于基本面分析。因为技术分析提供了最好的交易时机。有些基本面很好的股票可能在几年之内都维持差不多的价格，而让投资者得不到明显的利润。技术分析可以帮助你免于陷入这种尴尬的处境。这是施瓦兹的经验，当他作为证券分析师的时候，他在市场上失败了，这使他发生了改变，远离基本面分析，而注意到技术分析提供了更大的获胜可能性。从那时起，他就成了一个主要利用技术分析和市场时机的交易者。技术分析确实会给出错误的信号，但基本面分析也一样。德雷曼解释了这些失败的原因。大家很少知道，在1991—1996年间，基本面分析中公司收益的预测错误率为44%。——编者注）。因此，投资者必须能预测两件事：使用技术分析预测价格上的变化，以及使用基本面分析预测潜在价值的变化。

投资者必须是个全面认知市场的学生。不管是基本因素还是技术因素他必须知道。查尔斯·道告诉我们"学习的主要目的首先是明确投资者所持有股票的公司的价值，其次是购买股票的适当时间"。这句话阐述了查尔斯·道的投资理论——好的投资就是要掌握好适当的价值和合适的时机。

接着，查尔斯·道向我们介绍了投资者应具备的心态。在这儿他详述了投资心理学。投资者需要耐心，查尔斯·道告诉我们："最大的收益来自于最大的耐心。"他还强调说投资者必须"坐在投资之上几个月或几年"，以此意识到投资全部的潜在利润在此。再者，投资者不要成为市场焦躁情绪的受害者，这一点也很重要。为了保持平静，投资者必须独自一人，远离市场行为。他不能让自己因别人的煽动而冲动地做一些破坏自己目标的事情。

所以，查尔斯·道说投资的理想状态是投资者住在市外，那样他就不会成为恐惧的牺牲品，也不会为"谣言和突然的价格波动"所困扰。最根本的原因是他"看不到市场"。

根据查尔斯·道的观点，这种投资者是基于"被论证了信念"而买进。这不是盲目信仰，而是他们掌握了以下原理：价格在真正的价值之下，那么它迟早会反映真正价值。投资者就应当懂得这个原理。他懂得价值，并能看穿表象。尽管在买进之后价格可能会下降一会儿，但是他知道价格最终会回归到本身的价值。

根据道氏理论，我们找到了一个研究市场的完整方法，它包含所有因素并且简单有效。查尔斯·道对市场结构的分析方法，是我们市场行为模型的核心所在。然而，我们也得承认市场结构不能代表一切。市场结构只是一个帮助你去了解真实交易世界的工具。只要你不忘记这一点，就能够利用市场结构来获取利益。

现在再次回到基本市场结构，考虑时间效应。每一次波动都是周期性的，上行之后总有下行，这是一个周而复始的循环。然而，这些波动并不是随机的，多数波段都有一个价格范围和时间范围，在特定的波动水平，向上的波段和向下的波段有相似的幅度和时间。不仅小的波动如此，历经数年的价格大波动也一样，牛市和熊市在波长上一般很相似。

这种时间上的周期性行为是自然的，因为它跟随着价格的周期性行为。对这些长期形势的研究，证明了存在具有确切持续时间的市场周期。

波动的时间周期可能是静态的，也可能是动态的。静态周期有相同的周期性持续时间，而动态周期会根据内部规律来改变持续时间。比如10年周期就是一个静态周期，而斐波纳契时间周期是动态周期。

许多不同幅度的周期在同一日期开始或结束，这时，市场中就会发生一些重大事件，比如牛市或熊市终结。

过去会在未来重现，所有的过去事件在将来的某个时间都会重现。牛市和熊市、衰退和扩张都会反复发生。

考虑这些重复的循环时，有一点需要注意：我们绝不能期望过去发生的事会在未来完全重演。这就是类推规则：周期性重复的事件是相似的，但不是完全相同的。

当我们比较两个相似事件的时候，我们必须寻找它们的不同点，而不是简单地寻找相同性。比如，如果我们知道熊市可能要到来，并且它可能与过去的某一个熊市相似，我们就必须寻找这一次它会有什么不同。我们必须能够在类似点中精确描绘差异。这将促使我们向前，也会避免我们变得死板。从来没有任何事物以相同的方式重复两次！

因此，在市场结构中，时间是一个重要的因素。估量时间周期和辨别相似中的差异，与估量价格波动一样重要。查尔斯·道解释说，市场是一个相互关联的整体，没有任何东西是必须排除在外的。保持开明的思想，不要被那些市场教条俘虏，非常重要。

市场走势的关键因素

描绘市场走势的简单模型

我们的目标是以一种简单而又易懂的方法描绘市场走势。我们这个描绘性模型不需要武断地数波浪或做其他计算。作为使用者，你们也不需要添加或丢弃任何东西，结果永远都是一样的。我们的模型能在以下两种主要交易方法中使用：

第一个交易方法是把该模型作为单独的系统来使用。学会市场的语言，然后你就会知道市场要求你如何操作，如何交易。这第一种方法应当在开始就使用，它是个不错的起点。

一旦你已经实践过第一种方法，你就能使用第二种方法。它结合了其他的交易方法来使用三合线模型。三合线能加强任何一种交易系统，检查出这些系统有悖于市场现实的信号。由于三合线模型揭示出市场的状况和真实意义，因此能够让交易者自己的分析系统与现实市场一致。

我们的方法可以作为保护你的安全网，但并不意味着它就绝对可靠。它唯一的目的是精确描绘指定时刻的市场走势。如果你对过去有精确的描绘，你并不需要预测，你唯一的目标就是在即时描绘市场。

我应当详细地描绘一下，那我们开始讲市场结构吧。

市场：三元结构

市场有三元结构，由它们构成波动，波动是市场走势的主要元素。

我们想知道市场如何波动，而这些波动如何在无止境的市场洪流中聚合、转向。为了达到这个目的，我们创建了一个能够描绘市场结构的简单数学模型。这个模型建立在三个因素之上：

1. 反转点；
2. 波段；
3. 三合线。

由这三个因素所确定的结构，我们称为"基本市场结构"，该结构是每一次市场运动和每一个市场模式的基础，它从价格和时间的角度解释了每一种市场行为。

价格和时间帮助你理解市场形势。比如，帮助你辨别特定时刻的市场强度；再比如，帮助你识别真正的逆转和同一主要趋势下的折返。

基本市场结构也会帮助你辨别走势的持续时间，告诉你运动是刚开始、行进一半或是靠近结尾。如果你按正确的方向交易，它也将是最有用的止损工具，帮助你将风险降到最低。

有了反转点、波段和三合线，你也会理解所有模式背后的内部逻辑，你会理解双底、双顶、头肩形、三角形等的共同思路。更重要的是，每一个确定时点价格的相关性和重要性都会是显而易见的。之前简单的高低点顺序会变成一系列限定的点，它们的相关意义都会显露出来，对市场的理解将达到一个新的深度。

因此，这三个简单的因素是最本质的。我们现在就来解释它们。

第一个因素——反转点。

反转点

反转点是每一个市场运动的起源（图1-1）。反转点在每一次市场波动的起始点（图1-2）和终点，它是波动转折点。市场在此处改变方向。

反转点是一个能量点，是基本的市场质点。它就像是一个磁极或是电极，运动从这里起源，也在这里结束，另一个运动再开始。从这种意义上来说，反转点一直是新运动的起源。

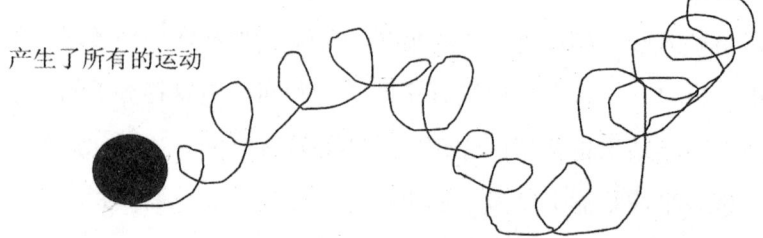

图1-1　反转点

第1章 市场波动本质

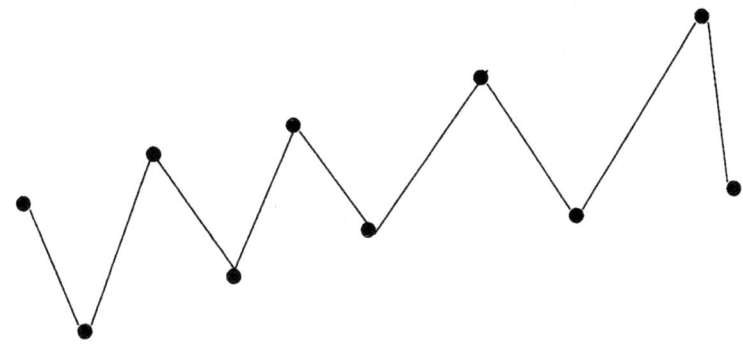

波段产生了

图1-2 波段

并非所有的反转点都相同,所处的位置不同使它们的重要性不一样。三合线和波段就是来自于反转点。

理解反转点的相对重要性是理解市场行为的基础。

例如,一个单独的简单的反转点可能意味着市场明显逆转。多年的牛市可能在单一反转点完全逆转。即使在逆转行情周围有其他反转点,也会有一个主要反转点,该反转点会标志逆转确实产生了影响。这是为了说明反转点是充满含义的能量点,并且根据其在整个市场结构中的位置,每一个反转点的价值都必须分析。

想象一个弹跳的球。弹跳需要能量,这种能量必须来自于某处,而球吸收它并产生运动。现在,如果你把球扔到地板上,会发生什么?球会被地板阻挡,然后弹回。它会再次弹起,很快又会停在空中,然后,会再落下,向相反的方向开始一个新的运动。因为这个新运动,球就获得了不同方向的能量。在方向逆转之前,我们的球停在了两个点,在这两个点上,其能量改变了方向。且每一个转折点的能量都不一样。

球的转向点与波动反转点、市场转折点和并不均匀的能量中心都很相似。像反弹的球一样,市场反转点也根据它们的量能在强度上有变化。这些反转点就是市场运动（振荡、起伏、摆动或波动）的起源。它们都值得去详细测试。

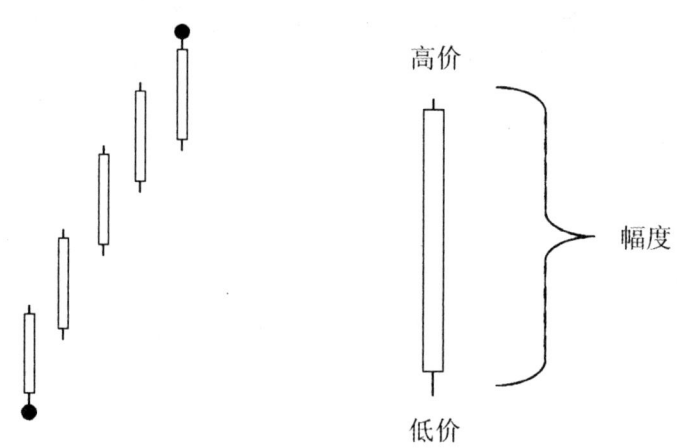

图 1-3　波段被分割为一系列时间段中的价格幅度

波段

波段就是一截市场波动，它产生于反转点。所有的波段都包含在起始点和结束点这两个反转点之间。一个波段的结束点是相反方向中新波段的起始点。

"时间—价格"单元为一系列的最小价位或一系列 K 线图（图 1-3）。市场是周期性的，波段在不断地交替循环。波段的交替是最基本的市场循环，所有其他的周期都来自于这个最基本的循环。在这里发挥效应的是"作用和反作用"规则（图 1-4），它隐藏在波段往复运动之后，表明了市场中存有两股相反的力量。只要一个波段结束，一个新的波段开始，就有一股力量终止，让步于另一股相反的力量。这两股力量以及它们的相互作用为市场运行提供能量。市场就像电动车一样运行，其运行是正极和负极这两个电极交互作用的结果。

作用和反作用规则导致了三种类型的波段。

第一种是水平波段，第二种是上升波段，第三种是下降波段。

水平波段表明市场力量是均衡的。这是一个中立的点。价格保持不变，与时间轴呈水平线。在市场上买进者和卖出者有平等的影响力。因为水平摆动只有当价格被控制不能表现其本质时才会出现，所以很少在自由市场看到。如果确实发生了，那可能发生在非流动的自由市场，或者是短时间内发生在买卖双方都犹豫不决的日常市场。

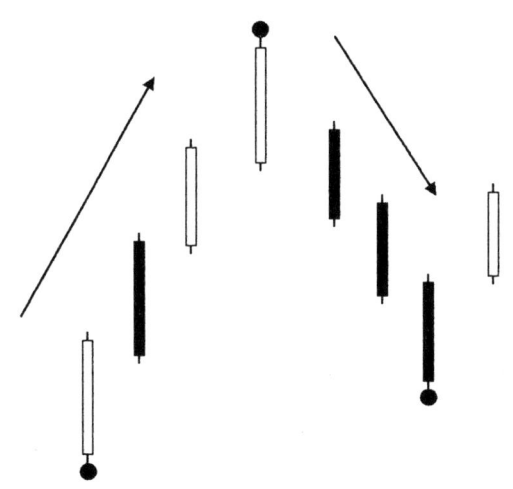

图1-4 波段遵循交替规则，这就是市场波动的原因
反转点和波段联系在一起，是它们的起点和终点

上涨和下跌是最普通的波段，它们发生在价格可以波动的自由市场。上升波段和下降波段交替出现，即使在单边市场中也是如此。上升波段表示买者和卖者之间的不平衡，而买进的力量强于卖出的力量，有净买进量。下降波段也表示买者和卖者之间的不平衡，即卖出力量强于买进力量，有净卖出量。

水平波段既没有速度也没有加速度，它是静态的，因此在几何形态上呈现为一条水平线。而上升波段和下降波段都有速度和加速度，即：

波段运动的速度可以是均匀的也可以增加或减少。波段运动的速度由波段的角度显现，波段的角度越大，说明速度也就越大。

注意，波段运动的速度与加速度是不同的。如果没有加速度，即速度保持均匀，那么价格曲线与横轴的角度是固定的，该角度可以表示为速度的函数。如果有加速度，即速度在增加，那么价格曲线的角度会越来越陡。因此，波段的角度阐述了速率和变化率。

一个波段内部能包含其他的波段，这源自于市场的分形性质。每一个内部波段都有它自己的速度和加速度。趋势线表明了这一点。趋势线帮助我们看见一个波段中包含有许多的小波段。价格图也是这样。如果我们看到在每日的价格图（它本身是一个波段）里面发生了什么，我们就会发现许多涨落。

关于趋势线要记住：趋势线的主要作用不是决定市场交易，而是计算市场运动的方向、角度、速度和加速度。趋势线是你为了检测市场运动而在图表上所画的线。由此你能更好地了解市场趋势以及它的方向、角度、速度和加速度。当然，这并不排除可以把趋势线作为交易工具使用。

现在，我们来测试一下三合线，也就是和波段结合在一起的逆转结构。

三合线

首先讲一下三合线的定义。三合线就是满足以下条件的一系列K线：

对于任意的三根K线，中间一根K线的高点高于相邻两根K线的高点，中间K线的低点高于相邻两根K线的低点。这样，就形成了一个下降的三合线。对于任意的三根K线，中间一根的高点低于相邻两根的高点，而中间一根的低点低于相邻两根的低点。这样，就形成了上升的三合线（图 1-5）。（图 1-5 中，用简化的棒线代表价格 K 线，意味着我们不关心这些 K 线是阳线还是阴线，而只比较其最高价与最低价。本书后面的大多数图中均作这样的处理。——编者注）

上升三合线和下降三合线存在于每一个波段或市场波动的开始和结束位置。这种三合线可在任何时间尺度中发现，不论是日线图、周线图、月线图还是小时图。该三合线有分形特征，能在每一个时间—价格市场中找到。

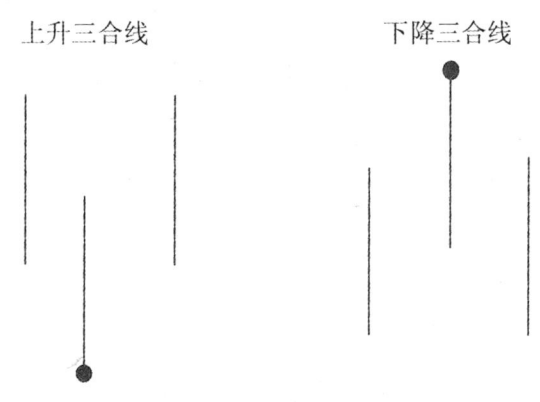

图 1-5　三合线能上升或下降

该三合线也是整个市场周期的迷你写照。在上升三合线中，左边是下跌，右边是上升。从左侧 K 线的高价位到中间 K 线的低价位形成下行走势，从中间 K 线的低价位到右边 K 线的高价位形成上升走势。在下降三合线中出现了相反的走势。在上升三合线和下降三合线中，我们发现上升波段和下行波段交替出现，从而形成市场最基本的循环周期。

因此，在三合线中，我们找到了市场和其主要周期的微型模型。这就是三合线总是担任着转折点角色的原因，因为三合线本身就包含着微型的市场逆转。下降三合线的高点是上升波段的结束反转点，是下降波段的开始反转点。上升三合线最低的低点是下降运动的结束点，是上升运动的开始点。

这意味着三合线是包含由一个普通反转点连接的两个相反方向波段的最小几何结构。三合线是最小的转折点，也是基本市场结构的基本构件。

现在，我们来解析一下三合线的类型。

三合线的类型

三合线的两个主要类型是上升三合线和下降三合线，我们在前面就已经解释过了。我们所解释过的上升和下降三合线是简单三合线的例子，只包含三根K线。

这里我们讲一下复杂三合线。复杂三合线由三根以上的K线组成（图1-6和图1-7）。

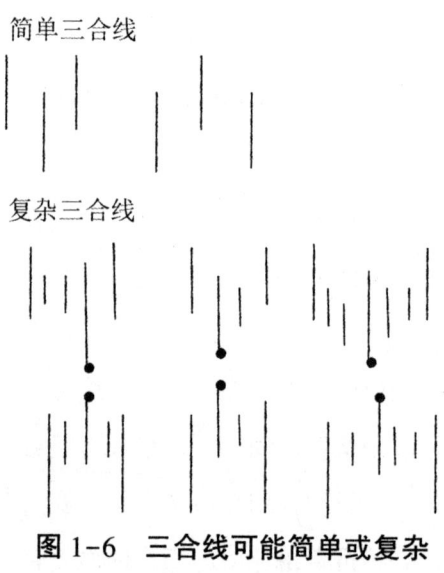

图1-6　三合线可能简单或复杂

多出来的K线是在三合线的中间K线和第一根K线之间或者是中

间 K 线和后一根 K 线之间的内部 K 线。例如，在上升三合线的中间 K 线和三合线的左边 K 线之间，会出现一根或更多根 K 线，它们比中间 K 线的高点低，比中间 K 线的低点高；上升三合线右侧同样存在上述情况。

事例表明，上升三合线和下降三合线都可能有中间的内部 K 线。这些内部 K 线就包含在这三根 K 线之间，只有包含了上述描绘特点的一系列 K 线形成的三合线走势才能被定义为三合线模型。

总之，三合线结构是市场方向改变所必需的最小的价格走势图结构，即最小转折点结构。

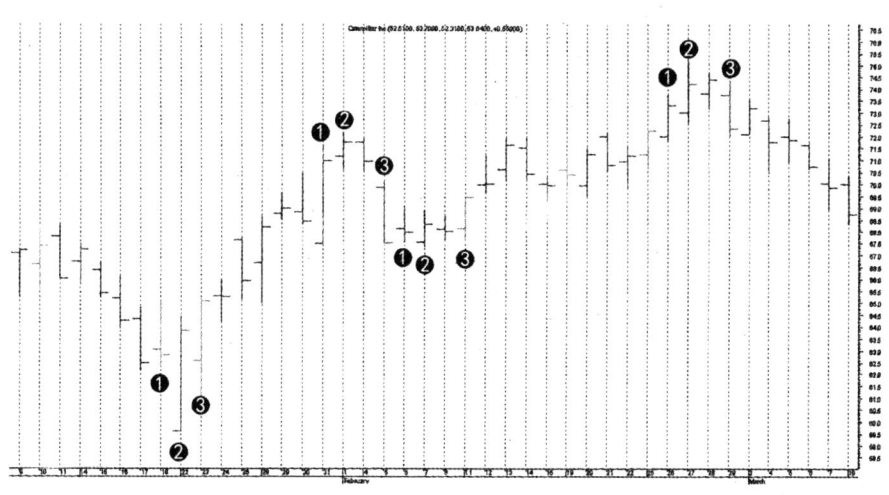

图 1-7 卡特彼勒公司（日线）

图 1-7 显示了简单和复杂三合线。我们已经将三合线中起决定作用的价格线用数字标注了。

这里我们解释一下三合线和环形 K 线之间的不同。环形 K 线只能识别一个与相邻高点相关的高点或与其相邻低点相关的更低的低点。三合线不同，三合线要求更低的低点和更低的高点，或是更高的高点和更高的低点，这使我们能获得一个完整的市场运动或者波段（最初向一个方向，然后向另一个方向）。

另一个不同之处是环形K线并不是转折点结构，不能说明一个运动的结束和另一个相反方向运动的开始。任何长度的波段被包含在两个相反方向的三合线之间。波段就是被包含在上升三合线和下降三合线之间的市场震动，第一个摆动最低的低点和最后一个的最高高点就是整个运动的开始和结束的反转点。

环形K线也不像三合线一样表示市场方向。它缺少必须有的第三根即最后一根K线，最后一根K线在上升三合线中比中间的K线有更高的高点，在下降三合线中比中间的K线有更低的低点。这个更高的高点或更低的低点确定转折点和完整波段形成。

环形K线也不能表明市场多空对比，因为那不是它的功能。三合线通过一个事实表明力量，这个事实就是上升三合线的尾部的K线比中间的K线至少有一个更高的高点，或者下降三合线的最后一根K线图比中间的K线有更低的低点。

现在我们来检测一下三合线的功能。

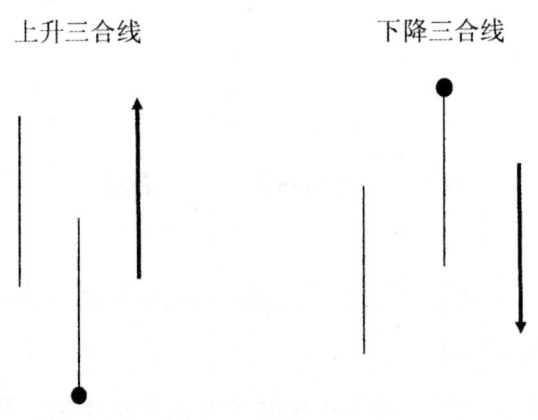

图1-8 三合线有方向和推力

三合线的功能

三合线有三个主要功能：

1. 首先，它确定反转点和波段。反转点是三合线的中间K线的高点或低点，并且只有当三合线的第三根K线形成时才确定。

2. 其次，它有方向性。它包含一个预示新的市场方向的矢量。即三合线提供推力（推力被许多资深交易者所使用，像拜耳、利弗莫尔、维科夫或江恩等，不过是邓尼根充分重视了"推力"，并给出了它在交易中的范围。——编者注）。在上升三合线中，最后一根K线是对中间K线高点的反转突破；在下降三合线中，最后一根K线是对中间K线低点的反转突破（图1-7）。这种突破是引领市场新方向的推力，赋予了三合线十足马力，使交易者能够低风险地进入市场以获取高收益。

3. 最后，三合线通过最后一根K线的摆动幅度，以及收盘价的价位来衡量市场的强度。

现在我们详细复习一下这三种功能中的每一种功能。如果三合线形态没有构造完成，那么我们就没有办法判定是否真正出现了三合线，也不能判定一个新的市场反转点出现了。三合线并不是市场预言家，它需要自身形态构造完整才具有价值。三合线的功能是描绘当前的市场，完整的三合线既包含过去也包含现在。

总之，三合线是个几何结构，它就像是一条铰链，将一个波动与下一个相反方向的波动联系起来。三合线也阐述了市场反转点。市场反转点是一个几何点，将振荡或波动连接在一起。这个点和市场的真正价格相符合，它只是在三合线完整的时候才为人所知。

三合线本身有下面的结构：中间的K线比相邻的左右K线有更低的低点和更低的高点，或者它比左右的K线有更高的低点和更高的高点，前者是上升三合线，后者是下降三合线。

三合线可能简单也可能复杂。简单三合线只有三根K线，复杂三合线会有更多。

当三合线形态构造完成，三合线的第二个功能——方向功能开始奏效。三合线一旦完成，其第三根和最后一根K线将标志着市场的新方向，这个新方向伴随着三合线的最后一根K线完成而成为既成事实。由此，市场已经改变了方向。

三合线并不预测新方向，而是标志一个既成事实。在三合线出现以后，市场不会再逆转，因为市场在三合线内部已经反转。在三合线完成之时，行情有一个新的开始。

未来走势可能会也可能不会继续向三合线所展示的新方向运行。我们假设新方向会继续（不是作为预测，只是作为可能性），对我们来说，这个新方向就是市场现况。假设它会改变或停止是要假定有不属于市场现况的因素。我们所要做的就是继续跟随现有的新方向，总之我们所做的是简单跟随完整三合线的新方向，一直到将来。

下面介绍三合线的第三个功能：判定市场的力量。市场力量强弱会直接影响新方向上的未来走势。如果新方向力量强烈，这个力量就会持续作用于市场。评定这种力量的线索就是最后一根三合线的闭合点和它的幅度。例如，如果上升三合线的最后一根K线盖过了中间K线的高点并且幅度很大的话，新方向上的力量就很强烈。这意味着新的上升波段运动很强烈。

因此，三合线使我们能明确反转点和波段，能标记市场方向和市场力度。三合线说到这里，我们还是重新开始对基本市场结构的讨论吧。

基本市场结构

我们已经明确了组成基本市场结构的三个因素：反转点、波段和三合线（图1-9）。反转点是波段的起点，波段由首尾两端反转点所限制。三合线是连接两个波段，构成一个完整的转折点。

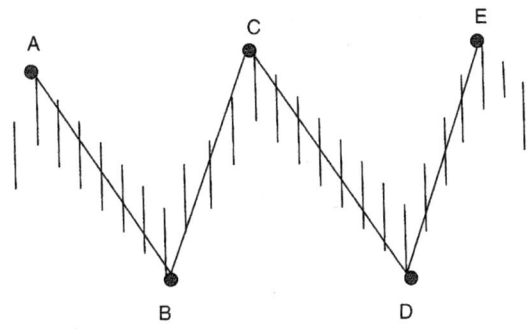

图1-9　反转点、波段和三合线

三元结构能帮助我们理解市场语言。图1-10是以新方式描绘的图表。不管是上升下降、简单还是复杂，只要辨别了波段、反转点和三合线，市场就会自发地显示它的秘密。

作为一个练习，请辨别下图中的三元结构。这个三元结构是波段反复上下运行的原因。这些反复运动遵循一些规则。建立模型，一旦我们能观察到波段、反转点及三合线之间的联系，这些模型就会完成。

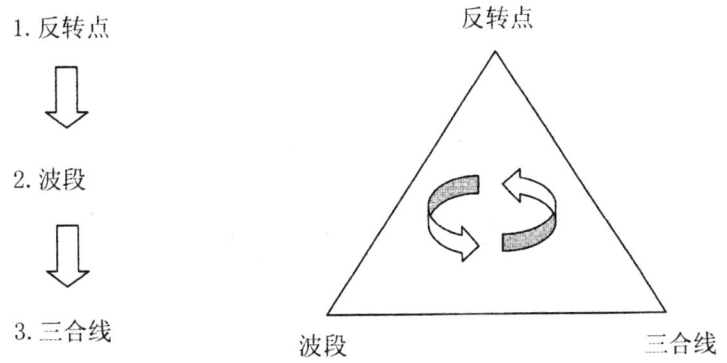

图1-10　基本市场结构

— 25 —

我们没有必要去预测，我们仅仅需要此刻与市场一体。基本市场结构是使我们能做到这点的工具，它让市场自己阐述其波动，而不由局外人（投资者）主观臆断。

这可能归因于三合线。三合线出现与否不是由我们来决定的，而是市场自己走出来的。对此我来解释一下：每一个市场运动都有一个开始点，也就是反转点。反转点是价格改变的起点，所以就有了波段。现在，这个波段对我们还很神秘。我们不知道它会在什么时候在什么地方结束。它什么时候结束？它会在一个新反转点出现的时候结束，这时候它就是一个表明波段结束的反转点。既然要出现一个新的反转点，就要满足一个条件——三合线。

一旦这个三合线出现了，波段就在最后的反转点处结束。最后的反转点直到三合线完整了才出现。三合线可能简单，也可能复杂。谁来决定市场什么时候结束波段？市场决定。

另外，谁来决定最后的三合线是简单还是复杂？也是市场。这就意味着，通过观察由三合线引出来的反转点，我们能客观地知道波段的长度和持续的时间。市场本身会告诉我们波段的价格变化和时间变化。

相比而言，把市场运动强行数作第几浪是困难的，而观察市场却简单得多。

再强调一下，我们并不排斥计算江恩3天图等，它是能和三合线工具完全兼容的有用方法。事实上，我们鼓励在适当的情况下用江恩3天图这种方法。在特殊的交易体制之下，它很有用。我们的三合线也能使用该方法，不过是在基本市场结构的背景之下。

数波浪的效果就很难说了。要想数浪有效，除非像查尔斯·道和江恩那样，不教条不武断。在牛市和熊市中波浪真的会产生，我们也需要去提防它们。如果提前相信市场有特定且确定的波浪数量，那么问题就来了，这个方法并没有效果，特别是对交易来说。因此，我们还是选择三合线。三合线使市场阐述自身波动，它使我们能精确阐述每一个摆动的波长和持续时间。这适用于任何一个时间尺度。

从查尔斯·道的小波浪到长期的市场波浪，从最小的摆动到大运动，基本市场结构让市场客观解释了它自己的情况，呈现给每一个观察者同样的结果。基本市场结构让我们能发现市场本质和客观的运动。

测量波动是基本市场结构的重要方面。市场结构使我们能测量价格和时间上的震动。测量波段让描述市场成为了可能。每一个波段都能被分割成任意单位时间的价格线。

我们在一个固定时间范围内确定波段在价格和时间上的变化，现在我们能测量这种变化，并辨认出哪些是重复出现的，称之为价格形态和时间形态，它们提供了市场惯常行为的迹象。市场的特性由此明了。

例如，一个波段的幅度超过通常情况达到一定程度，逆转可能将出现，或者如果反转点被突破一定的点数，那么突破就会继续。通过测量时间，我们能得到相似的观察，例如，时间和价格之间存在一定的比例关系，一个波段随着时间变动价格也会相应变动，例如，在16天里变动8个点。

测量价格和时间，通过三合线所描绘的基本市场结构，就能使市场阐述它自己的波长和波动的持续时间。通过阐述波段的开始和结束以及反转点的出现或缺失，三合线再一次明确了在价格上的每一个波段的波长以及持续时间。

价格长度和持续时间是自发的，它们属于市场的内在结构。三合线的唯一功能就是让大家能简单而容易地看到这种结构。

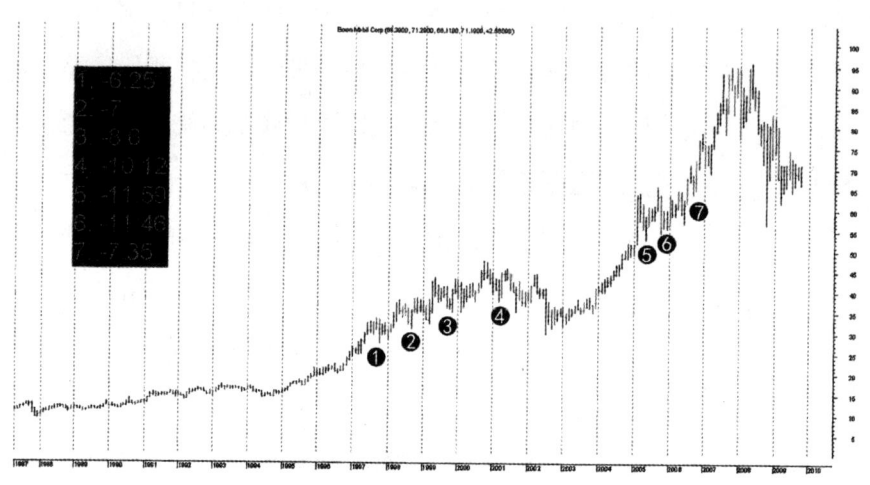

图 1-11　埃克森美孚公司（月线）

在埃克森美孚公司的图表中，我们显示了在主要上升三合线之内的两个次要修正。如果我们要交易修正的话，在选择主要波段的时候就要做出决定。例如，我们可以选择七个点的修正。

如果我们这么做了，就要在入市之前等待任何一个修正来获取至少七个点的长度。此外，我们还要确保市场给出了反转的明确迹象。

第2章 怎样测量波动

基本市场周期

测量市场基本周期：波段

所有的市场价格涨落都是周期性的。市场是个永不结束的周期循环。一个上升的波段接着一个下降的波段，周而复始，由此形成了交易方向，我们正是在这样的市场中交易，在特定的时间以特定的价格入场。

例如，我们在市场处于上升趋势时入市，在此情况之下，我们会看到市场总有一刻要转为下降。因为，市场有基本周期规则，市场会在某个特定时间萎缩。而如果市场不是周期性的，我们就看不到它折回。

交易者在其他情况下入市也一样，比如在双底处买进或在三角形突破后买进。由于周期性规则存在，任何市场都有可能会反转。这种周期性市场规则称为"法则"。

在遵循该周期性规则时，要理解市场的特性和行为，首先就应当去测量它的周期性元素——测量波动。即使是测量所有市场波动都是有必要的。在各种时间条件下有可能出现的情况都必须被测量到。每测量一个时间段都会揭示市场的一般性规则。市场特性也就在这个时候显露出来了。

不过，很少有交易者测量市场波动。因为大部分人都是通过辨认图形样式或根据市场信号来介入市场的。一旦这两点导致交易失败，那么他们就会努力去看移动平均线是否交叉，或者去看技术指标是否给出了信号。

但这并不是理解市场或依此进行市场交易的方法。只有熟悉了市场波动才能真正理解市场，而只有能够正确测量波动才能精确驾驭市场波动。

现在，就来讨论一下怎样测量市场波动。

怎样测量市场波动

测量市场就意味着测量在每种可能的时间段和每一个可能的角度之下的所有波段。正因此我们必须养成测量习惯。这就要求我们必须不断地测量市场，直到它成为我们的第二个本性。

当然了，这需要训练。且还必须以固定的方式来测量市场，要根据投资或交易的时间段的不同，来决定是每天、每个星期或者每个月去测量。如果是短期投资者，那比较方便的做法就是每天测量一次。如果是中期交易者，那就要做到每周测量一次。但如果是长期交易或投资，那就可以每月测量一次。

培养测量习惯会帮你获得独特的市场知识。测量得越多，所学到的也就越多。在测量和学习市场上所花的时间越多，对市场也就了解得越多。

这种知识可以以多种方式获得。第一种就是自己测量摆动或波动。在测量它们的过程中，你就可以将摆动按照其幅度大小和持续时间来分类。你也要去培养对排列顺序和交替循环的感觉。你也能作出比较准确的推测，即在某个特殊的市场阶段中会接连出现什么样的波动走势。

具备给波动分类的能力是长期持之以恒实践的结果，因为波动之间的不同之处是很微妙的，同时，它们的排列顺序起先可能难以掌握。进行充足有效的实践你不仅能学会波动的种类和排列顺序，也能察觉到一连串市场事件。例如，有这样的市场现象：当一个市场走势完成时，它的结束点可与一个已确定幅度和时段的波动终点相同，或者与另一个中期波动走势的终点相同，甚至是与一个周期更大且不断重复的波动终点相同。

像这样一系列的事件暗示我们可能会有重要的市场变化发生。因不同振幅的波动的结束点都发生在大致相同的时间段和价格区间中，这样的群体事件同时发生在相同和不同的时间标准框架内。像月图、周图、日图这样的不同时间段的重叠都会使我们感知更多这样的走势，并加深我们对市场的认知。

上文中所有的收获都作为培养测量习惯的自然结果，测量习惯会永远改变你看待市场的方式。

测量市场

两个主要的市场测量值：价格和时间

市场波动是通过价格和时间来测量到的。我们测量每一个上升波段和紧接着的下降波段。正如我们所看到的一样，振荡、波动和其相互交替形成了基本市场周期。

许多波段会以相同的时间/价格比率重复。这意味着它们的幅度会与它们在价格图上的持续时间有关。这两种测量必须一起进行，因为它们密切相关。我们必须一直测量每一个单一波段和次要波段间的时间和价格。

我们将观察到，特定时间和大小的波动会多次重复，这就使得我们几乎能预测到它们的下一次出现。同时，不同时间/价格比率的波段也会在大致相同的时间内结束。这一系列的波段向我们提供重要的信息，即市场将要反转。

发生在给定价格/时间比率的范围之内的波段系列也是相同的。同一个波段系列也会在将来再次出现。在价格和时间中测量整个系列很重要，对主要波段和次要波段来说也是如此，因为它们都会再次重复出现。在这些情况之下，我们不仅要单个测量每一个主要波段，还包括发生在每一个波段里的次要波段。

我们也必须数一下发生在一个阶段、一类形态或一个重要的时间期间波动的数量。

通过点数测量

价格首先是由点的数量来测量的。我们测量从起始反转点到最后一反转点的每一个波段。这给了我们从上升波段的低点到高点以及从下降波段的高点到低点的价格上的变化。我们为每一个单一波段测量这些点的数量，也为组成一系列波段的复合波段测量。

表 2-1 通过点数测量复合波段

波段	价格	点
AB	15～20	5
BC	20～18	-2
CD	18～35	17
DE	35～25	-10
EF	25～45	20
AF	15～45	30

这儿是一些例子。假设我们有一个上升波段，它在第 35 个点开

始，在第 38 个点结束。在从低点到高点的波段中我们测量出 3 个点。它之后是一个从高点到低点，从 38 到 34 的下降波段，测试到 4 个点。

在前面的例子中，我们测量了两个连续波段。第一个有 3 个点的值，第二个有-4 个点的值。像上面的例子一样，我们确定一个正向的值，而这个值是通过测量上升波段所获得的，同时也从下降的数据中确定出一个负向的价值。至于在上升复合波段的情况中，例如，我们得到从 15 元的波段反转低点到 45 元的波段反转高点，这个价值就是正 30 点。在这个波段之内，我们可能有 5 个小波段：一个从 15 到 20 的波段，之后从 20 到 18 的波段，之后从 18 到 35 的振荡，从 35 到 25 的波段，最后从 25 到 45 的波段。

这些复合波段之内的小波段分别测量出了 5 点、-2 点、17 点、-10 点和最后的 20 点。复合波段有 30 个点的价值。我们把这个制成表格（见表 2-1）。

点测量是我们测量波段的第一种方法。这种单纯的测量方法会提高我们对市场波动的理解，加强我们的分析能力和交易技巧。然而，通过点数来测量波动只是第一步。我们仍然要学习其他的方法测量相同波动。现在我们来看第二种方法。

通过百分比测量

测量波段的第二种方法是百分比测量法。我们测量上升波段中从低点上升到高点的百分比增长率，以及下降波段中从高点下降到低点的百分比下降率（图 2-1）。我们会发现波段通过一个给定的波动百分比变化形成系列摆动群。这会帮助我们辨认和预计它们的行为。

百分比测量法保持高价波段和低价波段成比例。高价位股票的变化点数更多，但是百分比增减率却不大。例如对一只价值 10 点的股票来说，5个点的上升波段就是50%的上升，而对价值50点的股票来说，同样的5个点只是10%的上升。百分比测量法是更为持久连贯的一种测量方法，因为在不考虑点的变化的情况下，它基于一个共同的标准来测量价格变动。

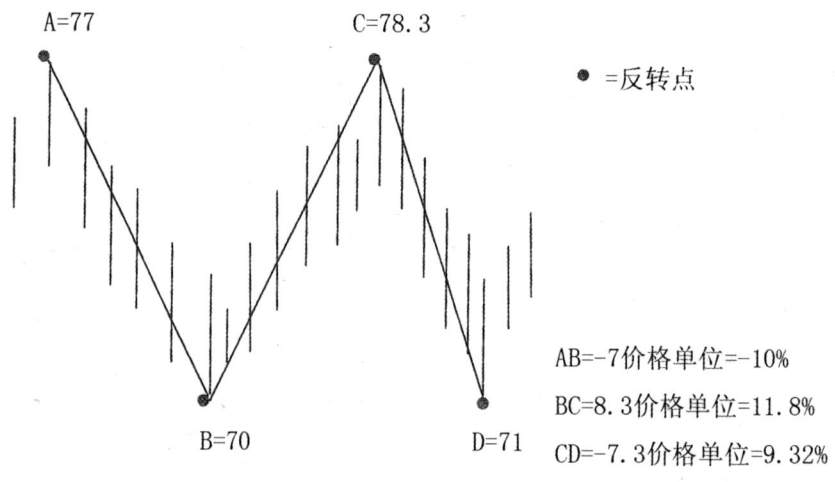

图2-1　波段的幅度用价格单位或价格百分率来测量

前面我们用点来举例，但是这次用百分率变化来举例。上升复合波段有一个15的波段反转低点和45的波段反转高点。改变值是200%。在这个波段以内，我们可能有五个次级波段：一个从15到20的波段，一个从20到18的波段，一个从18到35的波段，一个从35到25的波段，最后一个从25到45的波段。

这些复合波段里的次要波段是从低点到高点的百分率变化或者相反，分别是33%、-10%、94%、-28%，还有80%。复合波段从低点到高点将会是200%的增长。现在我们把它们制成一个表格（见表2-2）。

第 2 章　怎样测量波动

表 2-2　通过百分率测量复合波段

波段	价格	点
AB	15～20	33
BC	20～18	-10
CD	18～35	94
DE	35～25	-28
EF	25～45	80
AF	15～45	200

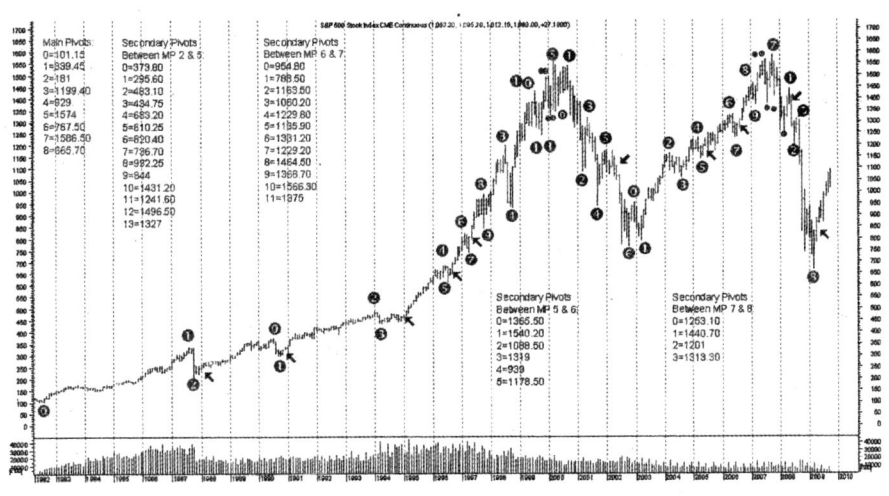

图 2-2　标准普尔 500 股指（月线）

图 2-2 中，我们使用三合线所确定的波段测量来交易标准普尔 500 股指的主要波浪。我们从 1982 年开始确定主要反转点。每一个主要反转高点和低点都是被三合线所确定的。一旦这些反转点被确定了，我们就创建了一个电子表格。

观察这个表格，我们可以辨别每一个主要波段的长度。1987 年的破产持续了三个月,市场亏损了总价值的 46.67%。2000 到 2002 年的熊市持续了 33 个月,亏损了总价值的 51.23%。开始于 2007 年 10 月的熊市持续了 18 个月,亏损了总价值的 58%。

表 2-3 波段测量

三合线波浪表					
标准普尔 500 股指芝加哥商业交易所		主要反转点			
日期	三合线反转点	K 线的数量	增值点	增值%	日历时间(月)
1982.8.9 星期一	101,15				
1987.8.25 星期二	339,45	61	238,3	235,59	61
1987.10.20 星期二	181	3	-158,45	(46,67)	3
1998.7.20 星期一	1199,4	130	1018,4	562,65	130
1998.10.8 星期四	929	4	-270,4	(22,54)	4
2000.3.24 星期五	1574	18	645	69,42	18
2002.10.10 星期四	767,5	33	-806,5	(51,23)	33
2007.10.11 星期四	1586	61	818,5	106,64	61
2009.3.6 星期五	665,7	18	-920,3	(58.02)	18

你能观察到持续时间为 61 个月的两个运动,持续时间为 18 个月的两个运动,持续时间为 3 个月的一个运动和持续时间为 4 个月的一个运动。我们发现大多数这些运动都有大约 2 个点的比率。从 20 左右到 30 左右到 60 左右到 120 左右,或更精确地说,从 18 到 33 到 61 到 130。

至于下跌运动,它们接近于-20%、-50%和-60%的价值。它们的实际价值分别是-22.54%、-46.57%、-51.23%和-58.02%。向上运动接近于 70%、100%、200%和 600%的价值。

有了这个信息，我们就选择了主要波段来买进。我们选择46.67%修正作为我们的主要波段。这就是指，只要47%的市场修正给出一个或带走一个百分点，我们就会寻找一个买进大盘的机会。

为了找到这个机会，我们会依赖于市场结构。该机会在2009年3月自己出现了。这时市场下跌，它损失的比我们主要波段所损失的还多。反转点8就是市场亏损其总价值58%后的低价。上升月图三合线表明进入点就在那里。

学会怎样测量时间

测量时间是指测量波段的持续时间或时间长度。波段会随着时间而变化，有些波段持续不到一天，而有些能持续几天、几周、几个月，甚至几年。为简单起见，我们把波段分为日内的、短期的、中期、长期和特长期。当日波段持续的时间少于一天，如果持续几天的话就是短期，持续几周就是中期，持续几个月是长期，持续一年或一年以上的就属于特长期。

如果我们没意识到时间长度，短期交易就可能变成中期交易甚至长期交易。一旦我们头脑中清楚地确定要从短期市场、中期市场、长期市场或特长期市场中得到些什么，那么事情就变得更加容易。这归因于各种原因。其中一个原因是时间范围越长，市场行为就越充满变数。如果在市场出现大跌之后，在一周持续上涨过后，我大量买进并持有一年，我的决定可能是灾难性的。因为在几周或几个月之后，市场可能还会持续下跌。而我进行反趋势投资。

在上面的例子中，我可能已经混淆了时间长度。一周的上涨是短期行为，与我持有一年的目标不一致。如果我只在九个月或一年的持续上涨之后买进，对于我的长期目标来说我的行为就会更加合理。如果市场在它的最后一个低位之后有持续一年的再次上升，那么多年熊市可能就会结束了。

现在，举另一个例子。设想一下，在长期的牛市中，市场回调几天之后，出现几周的中期调整，我此时买入继而想着多持有它几天甚至几个星期。这会是一个合理的目标，此时我的时间预期与市场趋势一致。

我们会发现波动的时间长度会像价格变化那样频繁地循环。这就是为什么测量波段的持续时间如此重要。记住查尔斯·道，他对市场主要波段的相关时间长度的重要性十分清楚。

测量时间是必要的，它给了我们许多优势，比如，知道市场运动的相对持续时间，帮助我们知道趋势在结束之前还会持续多久。如果你养成测量时间的习惯，你就会获得许多知识：趋势什么时候开始，持续时间会是多长，什么时候结束。测量每一个波段的时间以最纯粹的方式揭示了择时交易的秘密。

现在，我们看一下测量市场波段的许多方法。

在价格图中测量

测量时间的首要方法就是数从起点到结束点所包括的K线数量。在上升波段中，我们数包含在高点和低点之间的K线的数量，反之亦然（图2-3）。

这时，我们就是根据时间在规定波动。所绘制的K线就是价格/时间单位，即一单位时间中的一单位价格。换句话说，时间因素比价格因素更重要，尽管这两者互相依赖。

第2章 怎样测量波动

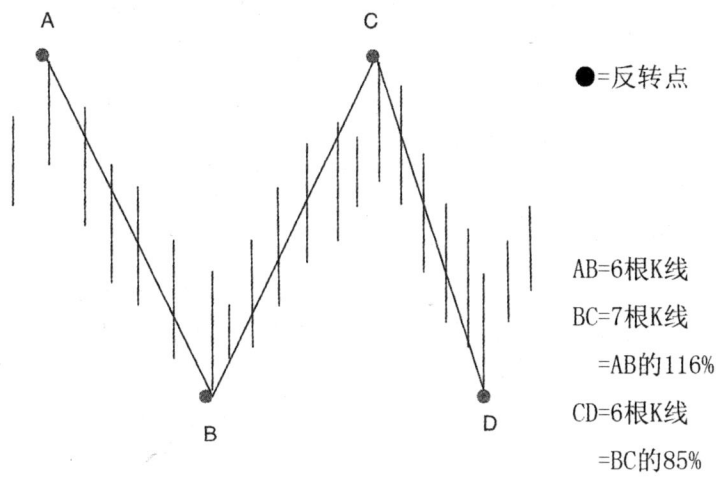

图2-3 用价格图测量波段的长度

时间限制价格！因此，每一个K线都是波段中的时间单位，而波段由一系列这种时间单位组成。我们在图表中所发现的这些单元通常是当天之内的、每日的、每周的、每月的或是每年的。

通过数K线，我们就在实际交易日或交易时间单元中测量波段持续时间。我们通过K线的数量来计量每一个时间波段。然后把所有时间波段做成表格，再以这种方式把它们按持续时间来分类。

通过价格波动，我们会发现简单时间波段和复合时间波段。简单时间波段要么是上升要么是下降。复合时间波段也一样，要么上升，要么下降，但是在其自身包含一系列上升和下降波段。总体说来，测量复合波段中的K线同测量次级复合和单个波段中的K线也一样重要。这种测量方法会给出我们所需要的所有类型时间范围，从而帮助理解不同市场波动或震动的持续时间。

某些时间长度会循环。时间周期会暴露其自己。一般，藏于价格背后的相同循环规则会按时出现。这样，我们就会发现上升时间波动被下降时间波动所跟随。

计算时间时，不能将自己限制在一个时间窗口之中，而是应当在不同的时间窗口测量相同的时期，像每月、每周和每天图表中的。不同时间窗口中的结合使我们能发现特定的比值，例如上升趋势和下降趋势之间的比值。

再进一步你就会发现一定的真实性。例如，它们中有一个的上升趋势持续的时间比下降趋势持续的时间长。只有通过实际测量，时间的真实性才会出现。这么做，时间和市场就不会那么神秘了。

选一个图，选择一个时间窗口：日图、周图还是月图，然后数一下由各自不同的三合线所创建的K线，不断地重复这个练习，你肯定就会学到许多关于市场的知识。

现在，我们关注另一个测量时间的方法。

按日历天数测量

时间也应当按日历天数测量，即交易日要加上周末和假期。在日历的波动测量应从每一个波动的反转起点到反转终点（图2-4）。所有的波动，不管是复合波动还是简单波动，都可以用这个技巧来测量。为此，我们采用了起始反转日期和结束反转日期，并计算出这两者之间的天数。

我们应当把日期测量应用到所有的时间窗口中，这意味着应当为周图测量周数，为月图测量月数，为年图测量年数。这些日历时间的测量会给出长期波动、中期波动和短期波动的主要持续时间和持续长度。

第 2 章 怎样测量波动

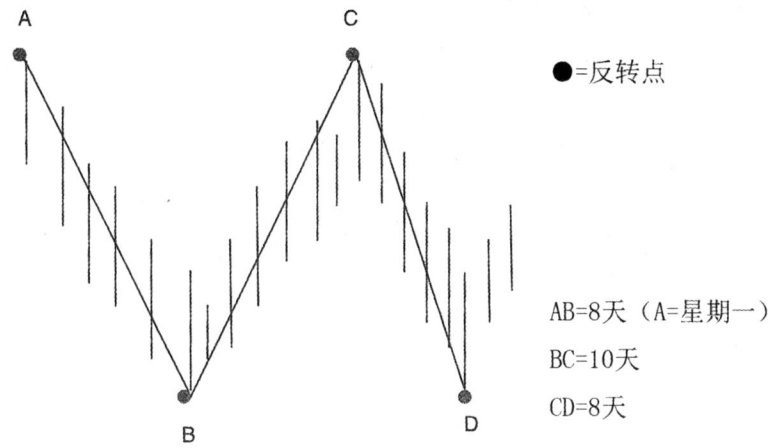

图 2-4 在日历时间里测量波段的长度

这样做就形成日历时间模式。长期、中期和短期运动的一些平均周期会出现。一年中市场出现重大事件的关键日子也会显现。例如，在五月，市场开始不稳定，上升波段随时都会逆转。在十月，主要市场发生逆转。一些假期或关键日子也会因特殊的市场行为而被人所知。所有这些日期都被包括在不同日历模式的市场波动之内。这就是为什么我们在测量日历时间的时候也应当记录下每一个运动的开始日期和结束日期。

反转点的起始日是运动开始的日期，反转结束日期是波动结束的日期。通过测量每一个波动的日历天数、开始日及结束日，特定的日期就会一次又一次出现。你会发现逆转和标志性的转折点在几乎相同的日期出现。

这使你能掌握时间。你能在一个时间长度内非常精确地描绘市场行为。

现在，我们从另一个方面来考虑一下在市场中测量时间。

用百分比值测量时间

就像测量价格波动一样，在测量时间波动的时候，我们也应当使用百分比。用百分数测量应当按照如下的方法来做。

我们应当为每一个波动测量其在一整年的百分比。每一个波动都有一个日历持续时间，它能被表述为整年的百分比。例如，如果一个波动持续了90天，那么相对于整年365天来说，它的波动百分值就是25%。如果波动持续了10天，那就是3%的波动。这个振荡持续时间的百分值可以应用到上升波动中，也可以应用到下降波动中，最后再将这些做成表格。

把所有的时间波动都简化一个百分数中的普通分子有一个优势：它让我们知道了该运动在全年时间中的主要变化的持续时间。由此我们会知道一年中每个波动所占据的时间比例。而不管你是按交易天数还是日历天数来算，当你只是用天来测量，这个作用都是可见的。

每一个运动在整年中所占的比例会使得它的相关意义更加明了。例如，如果一个上升波动持续了270个日历天，而它接下来的下降波动持续了90个日历天，另一个上升摆动持续30天，随后的下降摆动持续10天，另一个上升波动持续了27天，而接下来的下降波动持续了8天，那么我们就能测量出这些相对于整年的长度所占百分率。第一个波动测量出是74%，接下来的下降波动是25%。第二个下降波动测量是8%，接下来的下降波动是3%。最后一个波动测量为7%，接下来的下降波动为2%。

我们又一次通过把信息做成表格，由此发现相比于整年的百分比时间组。对许多长期、中期和短期波动来说，这会让我们了解到相对于整年振荡的平均长度。

现在，我们把统计资料应用到我们测量的波动上来。

价格和时间的统计量

把统计量应用到我们的振荡上测量是很有用的。第一步是把信息做成表格。就是把在价格点、价格百分比、交易日和日历时间中的振荡测量值做成表格。一旦完成这些，我们就获得了数据集中趋势的测量值（Measure of Central Tendency，如平均值）。我们要在每一个案例中知道平均值、众数、中位数、最大数和最小数。

这些测量值会提供给我们一些关于市场振荡和整体市场行为的有价值的信息。除了被测量的波动之外，我们可以用这些集中趋势的测量值来解开我们正在研究的市场振荡重点（平均波动是这么来计算：将一系列波动的持续时间和尺寸加起来，然后再用总数除以该系列的波动数。中值波动是一组波动中的中间那个值。众数波动是最多出现在一系列特定波动中的波动尺寸。斯波朗迪就是一位非常专业的交易大师，他就一直重视学习每一个市场在时间和价格上的波动。在1999年10月买进黄金之前，他自1981年就一直在学习该市场的时间/价格史。他测量了那些持续时间为三个星期到三个月的所有运动，并把结果做成表格。这些运动的测量值是：最小值9.4%，最大值68.8%，中间值15.2%——编者注）。每个市场都有它自己的振荡重点，由一系列代表其波动率的数字组成。不过，在每一种情况下，我们最终得到一个特殊的数字。

对振荡来说，这个独特的数字就是震动秘诀。这个秘诀会是一个一次次循环和重复的回撤率，或者以经常重现的振荡幅度或在一个趋势之内特定的波动数量。

一旦我们得到这个独特的数字，我们就会有一个强有力的交易工具。我们能以许多方式使用这个工具：能在重要的走势中或当前的趋势中寻找突破点、支持点和阻力点并买入卖出。平均值（如，算数平均数）会提供给我们所有上升和下降波动在价格和时间上的平均值。我们能知道振荡在点和百分比上的平均数值。我们将知道在特定时间范围内的平均上升振荡和平均下降振荡的幅度。我们也能知道在交易日和日历天中上升和下降波动的平均持续时间。波动的平均值会有效帮助你入市或出局，承担更低的风险，为了在恰当的时间入市和出局，还会计算这些波动的可能持续时间。

当测量一个市场运动时，算数平均数并不总是最好用的测量工具。中值是集中趋势的另外一个测量工具。它是那些位于样本中部的波动值。换句话说，如果你将所有样本的数值按照升势或跌势排序，中值就是位于中间的价格。它可能是 9 个数值样本中的第 5 个，也可能是 19 个数值样本中的第 10 个或者是 99 个数值样本中的第 50 个。中值是一个振荡范围，它通常与振荡平均值不同。中值将被用点和百分比来计算，并会作为一个平均值被应用到价格和时间中。

最大值是样品中最大的波动，最小值是样品中最小的波动。

这些测量值能确定所有的波动，它们也能分别确定上升波动和下降波动。一组值偶尔会包含一两个极值，这极值会使算术平均数失真。如果这样的话，中值或众数可能提供更为准确的均值测量。这些测量在许多方面都是有帮助的，其中有一些是不可预料的。例如，认识到特定幅度的波动会重复，那么众数就能帮助你购进期货。

如果你能识别出一个已知周期的波动在一段特定的时间出现的频率，那你也能辨别在两个已知波动之间的一个新的波动的时间周期。如果在一个特定的期间，已知周期的波动重复了许多次（例如，假设一个 10 个点的波动在三个月的时间里出现四次），你就能测量出在每次波动间间隔的时间，也能记录其他尺寸的振荡，在那三个期间，这些振荡发生在 10 个点波动的任何两个之间。

另一个测量方式是标准差。了解价格或时间波动的标准差必不可少。标准差如此有价值的原因是，波动遵循一个法则：大多数波动在平均值的两个标准差范围之内发生，余下的波动发生的可能性为5%。

有意义的波段

确定有意义的波段或主要波段

有意义的波段（主要波段）这个概念很难懂。一个有意义的波段也许与其所处趋势或整理区间的任何波段测量值（如平均数、众数、中位数、最大最小值）都不相等。它是一个会回撤一定幅度的独特波段。一个趋势之内，有些波段比其他的更长，例如，我们会发现回撤波段比平均波段更长。这些波段中有些太长了，以致于不会在同一趋势中再次出现。

在一个趋势中，有一些回撤波段的幅度既足够大，让你有机会低风险建仓，又不至于大到无法重复出现，这类波段就是我们寻找的有意义的波段或主要波段。在一个特定的市场运动中，这些波段会包含那个运动的波动关键。每一个市场都有许多有意义的波段，它们会在恰当的形势之下再次出现。

那些波段使我们能对一个特定的市场进行分析和交易。在特定的走势中，我们也可能知道这些波段平均出现多少次。这给出了一个测量值，使我们能知道一个运动是刚开始还是将结束。这也就降低了交易的风险。之所以说这些波段有重大意义，是因为它们在我们正在研究的市场中是独一无二的。每一只股票都有自己有意义的波段。

在观察了你的图表以后，你必须选择你自己特有的有意义的波段。因为没有固定而迅速的规则来给该波段下定义。你可能在由一系列波段组成的趋势中选取10点的回落作为有意义的波段。你也已经注意到了，这个10点波段重复出现两次。不过，也有分析员或交易者可能会选择一个7个点的回落作为一个有意义的波段，它自我重复的次数更多，可能有三四次。这两种选择都是正确的。两个数字都是市场波动核心的反映。在已确定的市场中这两种波段中的每一个都各自有其独一无二的数字。

识别主要波段

为了识别出主要波段，你必须熟知以下几点：

1. 通过对图表或电子表格进行一个简单的检查，即可以发现主要波段在众多波段中较为突出。

2. 主要波段不必等于趋势内这些波段的某个测量值（如平均值、众数、中位数、最大最小值）。

3. 主要波段会自我重复。

4. 主要波段是完全客观的，不会被任何一位观测员扭曲。

5. 主要波段是主观的。你从每个人都能看见的波段中选择了一个有意义的波段。

6. 主要波段是一个具体市场的振荡核心表达。

以上是去识别任何市场中的主要波段的主要条件。对以上条件的重要补充内容是主要波段必须对你有意义（参见案例图1-11）。这意味着它必须与你的市场分析、研究目标、交易目的一致。

我们应当研究每一个市场，找出它所包含的主要波段。如果根据不同的市场阶段和水平，那么许多有意义的波段都能被发现。如果你是在市场低迷之后的窄幅整理期中，你就能发现与那种市场振幅水平相应的有意义的波段。同样的道理，波动更大的宽幅市场也会有一个有意义的波段或主要波段。

有意义的波段会带着我们去追寻市场的意义。不管是趋势、回撤、形态还是横盘中，市场的每一个方面都有其深意。举个例子，我们看到价格平稳期之内的小波段。这些小波段就告诉我们它有低振荡性。如果这些小波段形成横盘，当横盘将结束时我们就知道一个新方向上走势就会产生。这个例子仅仅用作说明，而不管其尺度如何，波段的意义不能被忽略。

后面我们会再讲到这一点，但是我们首先要学习一下怎样测量主要波段。

测量主要波段

现在我们知道了什么是主要波段和有意义的波段，那么下一步就是去测量这种波段。

在一定的时期，我们拥有一系列已经测量了价格和时间的波段。我们也计算出它们的价格、时间的比例。现在接着把这些信息制成一个电子表格，利用图表的方式我们可以清晰认知这些波段及其特性。从这里开始，我们找寻有意义的波段。从图和表格中我们观察到有些波段很突出，立即吸引了我们的注意。我们就是要从它们中间来选择对我们有意义的波段。

我们要依照前面详细说明的条件做出选择。一旦我们将其定为了备选的有意义的波段，就要去比较它们的振幅，并计算它们在同样的趋势中重复的次数。我们既要选出那些在同一走势中重复发生的，也要选出只发生一次的波段。在很多情况下，这类波段都与最大值一致。

在满足上述条件的波段中，我们选择和目标相一致的波段，并记录下在时间和价格以及价格/时间比上的数值。一旦选择的是那种不重复波段，我们就须检查其有效性，不过不是在相同走势之内，而是在相同种类的另一个走势之内。如果备选者有效，我们也选择它为有意义的波段或主要波段。这样，我们需再次记录其各种数据。

在这两种主要波段中，一种只在相同的运动之内重复，一种只在不同的市场运动内重复，我们要仔细地注解每一个波段重复数量和所出现的日期。然后把所有这些数据做成表格以备使用。

我们应当补充一下，在长期走势中同样存在不重复单一的主要波段，像长期牛市和熊市（长期牛市或熊市持续时间非常长，可能有几年，甚至几个世纪；见案例图 2-2）。在这些走势中，我们可能会找到一些只存在过一次且将来再次出现的波段。

这种主要波段将我们带进了关于信号的课题之中。

可将主要波段作为一种信号

信号是非常有效的市场工具。信号起源于很久很久以前。在过去它被智者们广泛使用。信号代表标志性的事件，它能预示即将发生的改变。在中世纪，"信号"这个术语被命名为"signature rerum"，指的是特殊事件。

信号在过去通常都用于医学上。像拉塞尔苏斯这样的医生就常使用信号，他们甚至将其理论建立在信号之上。例如一种心形植物就因为它的形状，人们相信这种植物对心脏有益。许多事例都证明这是真实的。

说到一些大事件，信号预示各种变化的迹象，像暴风雨、地震、日食、瘟疫、战争和彗星的出现，等等。关于"signature rerum"有趣的是，如果人类明白其真实含义，它就起作用。事实上，它的确有用，它背后的逻辑是没法证明的。无论其是否古怪，在你理解了这个原理之后它就显得易懂且符合逻辑。

我来详细阐述一下。在"signature rerum"概念背后的原理是重大变化之一，重大变化就是指突然改变了事情的平衡。不管在讨论什么这都是正确的。

你可以使用信号来预测天气变化、经济变化和政治变化，甚至预测一场足球赛的结果。当然，这个概念也可以应用到市场中，并且许多市场学的学生也在自觉或不自觉地应用它。例如，9·11 就是一个"signature rerum"，它宣布了世界平衡的彻底改变，事实上，我们的世界发生永恒性的改变。珍珠港事件和引起第一次世界大战的斐迪南大公一世的被刺事件也是如此。

任何一项能决定性影响其他正常事件的标志性事件就是"signature rerum"，我们必须留意到它的信号。这种事件可能对很多人来说看起来是不合理的，但是对那些能看到事物平衡中的明显变化的人而言，它就变成了某个事件发生的信号。

例如，当美国联邦主席保罗·沃克被卡特总统叫来解决美国的通货膨胀问题时，他采用的强硬且非预料的措施就是一个"signature rerum"。这个信号宣布了里根时代的开始（白宫采取时任联邦主席保罗·沃克的建议，在 1980 年 4 月 15 日宣布，用信贷控制来抑制两位数的通货膨胀。这种史无前例的措施引起了经济的大跌，也使得卡特总统失去了竞选。这就是宣布里根时代的一个信号，也至少在一段时期之内，宣布了凯恩斯主义作为美国主要经济政策基础的结束。——编者注）。

历史、政治、经济和市场上的大变革都是由彻底改变了事物平衡的事件所引起的，即使它们起先似乎是不合理的。在市场中，我们在波段中找到类似的信号。信号是许多市场研究者使用的工具，像 W. D. 江恩，虽然他并没有使用"信号"这个术语。江恩告诉我们"当前市场下跌的速度超过前期市场下行的速度，即说明市场的趋势改变了"。因此，当一个波动看起来似乎超过了一个趋势中的正常波动范围，同时，市场发出了其自身将变化的信号，它就可能是一个逆转或是横盘的开始。

假如一个趋势中的大多数波段都在一固定的波幅内振荡，但是一个波段突然大大超过了其他波段的正常波幅，它就表明这个趋势之内平衡被破坏。假如我们把趋势想象成一条上升的对角线，价格就不会完全跟随这条线，但是会围绕它上下波动。有时，价格在这条线之上，有时在它之下。线上线下的波动会保持在一定的波幅之内。它们是在一种相对的均衡或平衡的状态之中。现在，假如这个趋势之内的下降运动突然大大超出了波段的平均波幅，均衡或平衡就被破坏了，这就意味着变化在即。

从这种意义上来说，主要波段会出现好几次。然而，周期的变化迟早都会发生。我们必须关注那个破坏市场波动正常节奏和主要走势的市场事件。例如，当我们有一个明显大于之前的市场调整时，就必须明白趋势变化已经来临。

当牛市将要结束的时候，就会出现这个信号。上面所提到的非正常的牛市调整就是一个信号，表示着熊市可能马上开始。这就是出现在2007年10月的牛市的例子。在它发生之前，我们就有了调整，该调整是宣告牛市结束的信号事件。因此，要一直关注作为市场走势的信号事件。也要去辨别这种已完成的信号振荡，并把它们做成表格。它们教会你去了解到一个市场的特性。

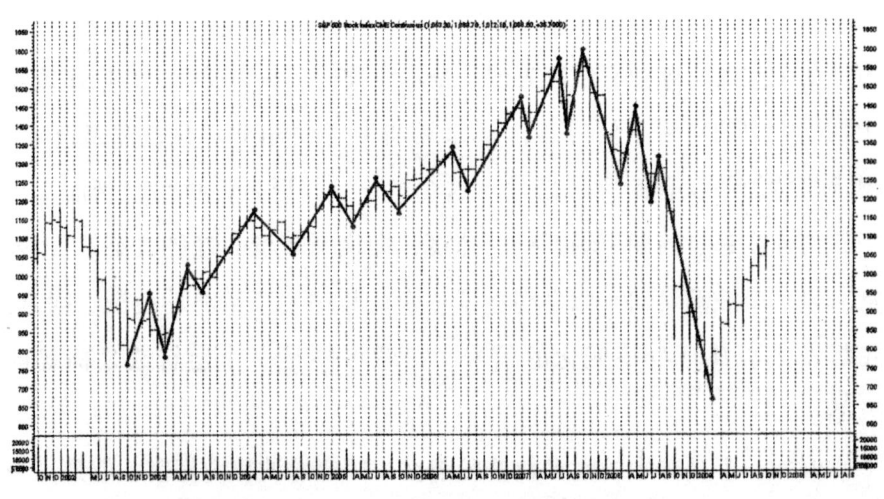

图 2-5　标准普尔 500 股指（月线）

如图 2-5，在标准普尔 500 股指图中，我们拥有了波段和高位反转点以及低位反转点，就如被三合线所确定的意义一样。在 2007 年历史性高位之前的最后一个向下振荡就是一个信号。它比前期上升趋势中所有向下振荡的持续时间都长，这宣告了 2008 年反转的到来。

将主要波段用于市场

现在，我们来讨论一下主要波段的用处。主要波段帮助我们了解价格是处于趋势之中的什么位置。主要波段并不是在任何地方都会发生。它通常发生在一个周期开始之后，然后在中间，最终在结束处。对这些种类的波段熟悉之后，你就会知道一个特定波段还可能会持续多久。

主要波段也会告诉你在哪儿入市才会是低风险，长短线皆可。举个例子，在一次强烈的反弹之后，你可能在上升的趋势时买入或者在下跌的趋势时减持。在完成了对主要波段的测量后，你就会知道当一个主要波段来临时和一个交易的良机出现时你该做什么。

将主要波段作为信号也是有用的。当一个破坏原有走势平衡的独特波段发生时，它就变成了宣布市场即将发生的信号。正常的平衡走势是在均衡或平衡点周围波段的波幅。当波幅明显高于平均值之上时，信号就增强。具备了这种知识后，你就应当加倍留意，以此避免对市场形势不清楚而被套。

第3章　辨别市场所处阶段

市场阶段的起源和本性

思想支配市场行为

市场走势向来都是人类行为的结果。在自由市场中，所有市场参与者的自由选择中占主导的操作形成市场走势。这些选择可能是形形色色的，甚至是互相排斥的。

每一个买进者同时对应卖出者，观点却相反，这是一个显而易见的事实。这通常意味着，只有一方是正确的，而另一方是错误的，尽管并不是所有的都如此。例如某个时刻，短期交易者可能会清空头寸，同时长期投资者因希望获得长期利益而会买进。他们关注的时间尺度不同，其行为也不同，尽管其终极目标相似——都在市场中获利。市场中的一切最终都会平衡，当交易者拥有寻求价格与价值之间难以把握的平衡点时，市场波动就产生。

在这些波动中，交易者常常寻找一个均衡点（这个点是由买方与卖方达成共识的价位）一直到该平衡被突然破坏，买方或卖方将占据市场。由于交易者内心不断地在恐惧与贪婪之间徘徊，影响其操作进而造成市场波动。然而，恐惧和贪婪这两个极端思想并不能有效解释市场行为或交易者的内心波动。

许多交易者并不是过度贪婪或恐惧。当他们的市场数据告诉他们不应当持仓过久而他们却这么做了，他们会对亏损有合理的恐惧。因此，他们最终卖出。从所学的知识与研究中获得合理的财富，并不能称他们贪婪，这样的交易员才真正懂得市场。他们深入了解市场，并会采取相应的操作。在公众明白发生什么之前，他们秘密地买进，这时候其行为在市场中理所应当。在公众猜测到逆转要发生之前他们就平静地卖出。

对市场的不同看法以及对市场知识的不同了解，导致了其特定的行为。该行为形成市场走势。没有任何市场阶段是不能被市场交易者的特定想法所解释的。如果每个市场都有其本身的特性，那是因为在该市场中的大多数交易者都有其特定想法。市场的一切行为都是市场经纪人事先的想法，然后才在市场中得以发生。

市场阶段和形态揭露了市场心理

当我们研究市场的不同阶段时，一定要记住下面这一点：市场每一个阶段都可看作是这个市场中参与者的想法；每一个阶段都是市场参与者想法的外在表达。

所有的市场形态都是如此。每一个市场参与者都有一个确切的含义。它们告诉我们在市场中交易的大部分参与者对现在与未来走势的想法。

从这种意义上，正如在图表、电子表格或报价器上所看到的一样，市场阶段和市场形态只是无形的写照，而市场中的振荡走势，不同的阶段以及形成的各种形态都是心理方面的反射。

我们对于市场以及其波段、阶段、形态的研究其实是对不同水平交易者的研究。在这种意义上来说，市场行为其实就是参与者的行为。由自由市场中每个人的意志所引起的。他们的自由意志并不存在于虚空之中。

用市场语言来说，这给了我们两个选择：买进或卖出。正是这两个自由选择将决定所有的市场行为。我们还有第三个组成市场行为的选择，即观望一段时间再操作。

这样就有了三种交易者：买方、卖方和观望者。这三种人都会经历这三个阶段。有时，他们在观望，然后就会买进或卖出。在一个给定的市场形态中，若均线即将开始下行，此时，长期投资者可能买入，而短线操作者则可能卖出。

就市场本身而言，每一个市场观点都很重要，因为市场参与者都是市场的一部分，他们的观点在最后的结果，也就是市场走势中都会起到一定作用。公众中的技术分析交易者、基本面投资者、跟风者和初学者的共同参与，形成了市场。这就是为什么我们必须理解其思想和思维方式以及其在市场中所占的比例。

基本市场结构是市场行为的缩影

我们将研究想象中的一系列振荡、阶段和形态如何反映在现实市场走势中。我们要学习基本市场结构和反映其市场行为的方式。在此过程中，我们也会同时尝试读懂市场中的观点。我们会解释隐藏在市场每一个阶段之后的观点，正如该市场基本结构所显示的一样。

我们必须记住，市场基本结构中每一个走势都由三合线（也是它确定了反转点和市场方向）所确定，因为每一个三合线都是市场本身的迷你写照。基本市场结构确定了市场走势，因为它在几何学上反映出市场参与者的行为。正如我们所说的，该行为将会反映波动的幅度以及它们怎样组合创建多样化的市场数据和形态。通过解读这些市场形态，市场参与者或某一类参与者的目的就会变得显而易见。

三合线是市场的最小表达，也连接控制波段反转点。通过连接不同振幅的波段，三合线诞生出模型与形态，使我们能读懂市场想法。

三合线以一种简单的方式，让我们了解市场的想法以及某些特别参与者的观点。根据对三合线的反转点和反映市场参与者观点的市场波动的描绘，有一些独特的事情会发生。图形或印记变得独立且具有特殊含义。

这时候，市场结构分析就诞生了。尽管市场参与者的观点隐藏在每一个阶段或模式（在市场结构之内发展而来）之后，并且我们能通过市场的几何结构解读市场背后的思想，但是我们也可能直接利用结构来行事。这意味着能用市场几何学来分析市场，并采取行动，而不需要考虑引起这种结构的市场参与者的想法。

通过基本市场结构，市场几何学自身成为一种语言。它变成了一种准则，通过运用结构中的几何比率，将市场直接转化为一种即时有效的技术语言。例如，我们在回调中买入或下行突破后卖出，不必去考虑制造这类走势的参与者的内心想法。

时间之轮

三个市场阶段

根据基本市场结构，我们已经看到，反转点发展成一个波段，这个最初的波段在三合线所创建的第二个反转点处结束。以此类推，就会无限地产生新的反转点、波段和三合线。然后，它们将演变成按空间和时间排列的阶段走势，并且它们会有自己独特的形态。

市场几何学由此就产生了。由反转点、波段、三合线组成的走势基本分为三个阶段：

1. 趋势化阶段；
2. 盘整阶段；
3. 转折点阶段。

市场走势始终处于这三个阶段中的某一个，且只处于其中一个。这

第3章 辨别市场所处阶段

三个阶段中都存在着多种形态。事实上，所有的形态都能从这三个最初的阶段演绎而来。

在研究市场的时候，这也就是为什么关键问题是："目前被分析的市场属于什么阶段？"一旦市场阶段被确认，接下来的问题就是："在目前的市场阶段之内，我们处在什么样的位置？"最后，我们应该问："这个市场阶段还会持续多久才结束？"

这三个问题的答案会使我们知道在特定市场中，我们在时间和空间上所处的确切位置。然后我们就会知道市场正在发生什么，这可能会持续多久。我们还会知道阶段价格范围、目前的持续时间、近期的价格和未来的持续时间。然后，我们再进入下一步，确定市场演变的下一步或下一个阶段会是怎样的。对下一个阶段可能会演变成哪一个走势做一个有科学依据的推测也是可能的。

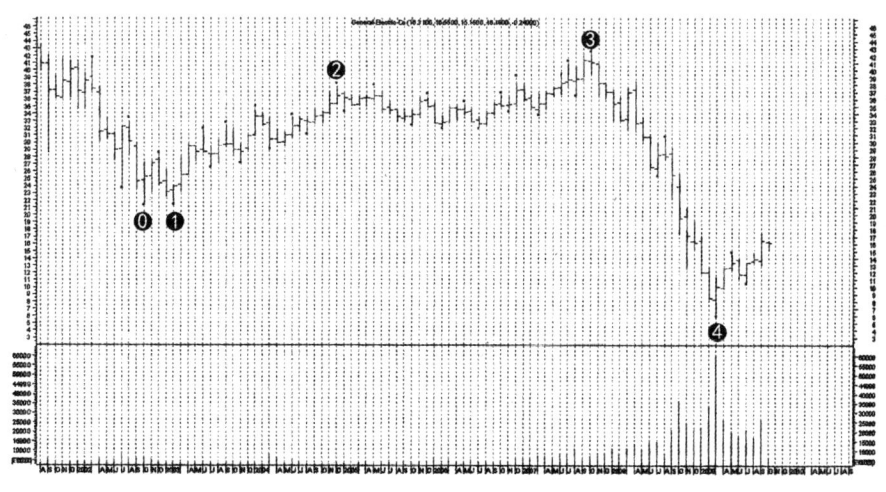

图3-1 通用电气（日线）

图3-1显示了三个主要市场阶段。从0到1是一个双重底反转点，从1到2是上升趋势，从2到3是横向盘整，从3到4是下降趋势，在4处是一个属于简单三合线的单底反转点。

趋势化阶段

在该阶段中,市场要么上升要么下降,绝不会水平移动。

市场阶段起源于从第一个反转点产生的第一个波段,第一个波段可能上升也可能下降。如果是上升,那么这个上升波段会因三合线结束,同时生成新的波段,该三合线就包含一个上升或下降趋势。结束了一个上升波段的三合线的第一个条线是在上升。三合线中的第三条线是下降的,由此可能产生一个新的反向的波段。因此,每一个三合线都包含一个微型的上升阶段和一个微型的下降阶段,这两个阶段都是一条K线组成。

市场制造了更高的高点和更低的低点

图 3-2 趋势化市场:上升趋势

现在,我们来看一下由起始反转点和三合线构成的,且包含一系列波段的趋势化阶段是如何组成的。同时从分析员、投资者和交易者的观点出发,这些波段是如何引起我们的兴趣。含有一系列波段的趋势是由几组上升或下降的波段所组成。下面将它们加以明确。

在以下情况中,市场是在上行趋势阶段:

- 上行趋势内的波段在上升。一系列低点和高点都在上升。
- 在上行趋势阶段中的回撤波段，其结束反转点应高于原有趋势的起始反转点，否则这实际是横盘阶段。
- 总之，市场产生更高高点和更高低点（图3-2）。

在以下情况中，市场是在下行趋势化阶段：

- 在下行趋势之内的波段是下降的。一系列的高点和低点都在下降。
- 下行趋势阶段中的反弹波段，其结束反转点应低于原趋势的起始反转点，否则这是横盘。
- 总之，市场产生更低高点和更低低点（因为了下降起始反转点而导致）。

当市场要么是在制造更高高点和更高低点，要么在制造更低高点和更低低点时，市场就继续保持在趋势化阶段。

市场制造了更低的低点和更低的高点

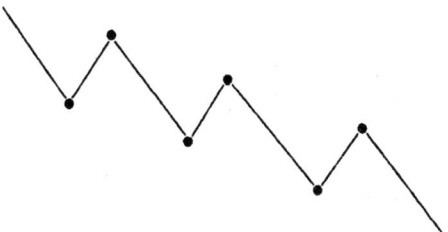

图3-3 趋势化市场：下降趋势

交易阶段中每一个波段都被一个反转点连接到其反向波段，该反转点又由三合线所确定。因此，在一个趋势化阶段，存在一组趋势化三合线。基本市场结构三元素集合成趋势化阶段。

盘整阶段

市场每一个阶段都由反转点、波段和三合线的独特方式组合而成。从这意义上来说,基本市场结构精确定义每一个市场阶段。趋势化阶段如此,盘整阶段也一样。

在市场中,盘整通常是由一系列上升和下降波段产生的,整体上来看,它们没有趋势,这就是说它们既不上升也不下降。

在下列情况下,市场处在盘整阶段:

- 盘整中的波段是交替上升和下降的,即上升波段和下降波段相互连接,其中的反转高点与反转低点都是水平的。
- 依次交替的高点与低点以及走势相反的波段都处于同一水平范围内。
- 反向或交替波段可能有完全相同的长度,如果没有的话,它们也总是被包含在由最大波幅的波段所创造的同一水平范围之内。

总之,市场在相同的水平区间之内创造了相似的波段高点和低点(图3-4)。在盘整阶段中存在一组水平区间内的非趋势化的三合线。基本市场结构三元素也会自我组合成非趋势化但稳固的阶段。

盘整创建了支撑区和阻力区

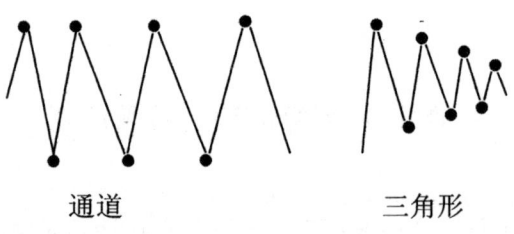

通道　　　　　　三角形

图3-4　盘整:水平区间

单独一个反转点只在三个可能的方向上移动——向上、向下或水平移动。盘整阶段源自于水平移动。

转折点阶段

转折点阶段中，市场不是上升、下降，也不是水平移动。从某种意义上说，它本身包含三个运动。因此，转折点阶段就和另外两个不同。

一系列市场波段组成的转折点阶段能作如下方面的定义：转折点总是包含趋势的终点和其反向趋势的起点；转折点是一个平衡点，它还包含一个异常盘整，也即是市场反转之前的最后一个盘整。

在转折点中，市场从低到高或从高到低反转。

总之，转折点是市场反转前的最后一个阶段。在其中我们发现了前一个运动的终点、最终的盘整和下一个运动的起点。

现在，来讨论一下两种转折：向上转折和向下转折。

判断趋势向上转折的条件如下：

- 市场是在下行趋势的末尾且不会再出现更低的低点和更低的高点（见图3-5）。
- 市场突破前一个趋势的高点。这些高点是上行的阻力点（见图3-6）。
- 相比于前一个下降趋势的最低的底部，该市场需制造至少一个更高的底部。
- 市场不再产生更低低点和更低高点，而开始产生几乎在同一水平的低点和几乎在同一水平的高点。市场进行最后一次横盘（图3-7和图3-8）。

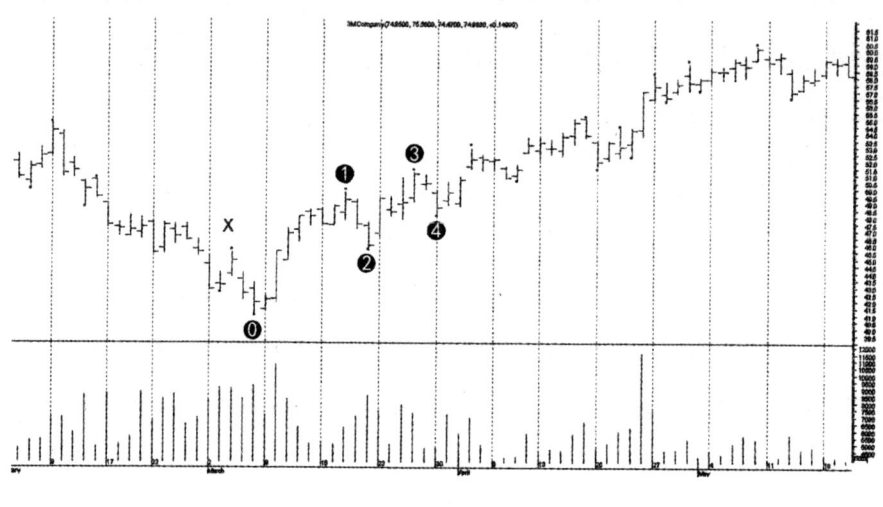

图 3-5　3M 公司（日线）

在图 3-5 中，我们拥有了一个有两个较高高点的向上反转（点 1 和 3）和它的较高低点（反转点 2）。在该点中，市场已经明确地反转，并有一个上升趋势。当反转点 4 作为一个新的简单上升三合线的低点出现时，这就得到了进一步确定。0 处的 K 线和 2 处的 K 线不会交叉。

这表明一个确定的市场反转了，且表明一个新的上升确实已经开始了，这归因于一股新力量的存在，该力量能够抵消前期的下降趋势，并让位于新的上升趋势。

第 3 章 辨别市场所处阶段

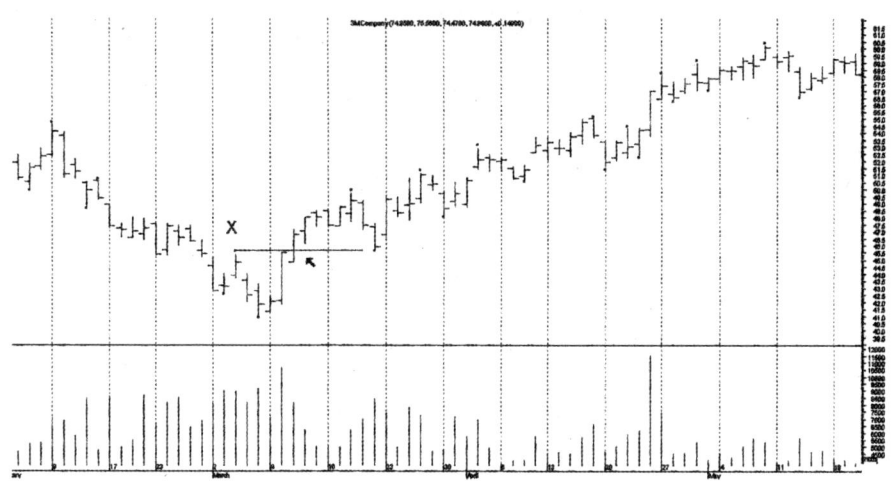

图 3-6　3M 公司（周线）

该图表明了反转点突破结构。X 处，是下降趋势的最后一个高点。箭头表示，在反转之时，在该处市场突破了反转点 X。破坏该反转点证实了一个上升趋势开始。

只要反转点 X 一被突破，上升趋势就建立起来了。这是指，有一股新的力量已经进入了市场，它不仅能阻止下降趋势，还能将它的极性转变到一个新的上升趋势。

相比于前一个下降趋势的最低的低点，

该市场会制造一个更高的低点：

这就是隐藏在头肩底背后的原理

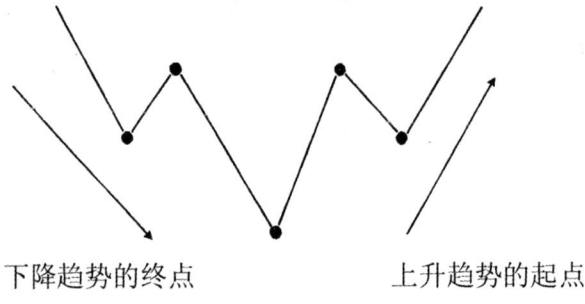

图 3-7　上升转折点

市场不再形成更低的底部和更低的顶部而开始自我调整：

这就是隐藏在单底、双重底和三重底背后的原理

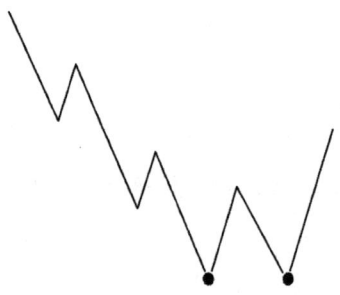

图 3-8　上升转折点

判断趋势向下转折的条件如下：

- 市场是在上升趋势的末尾且不会再产生任何更高的低位反转点和更高的高位反转点（见图 3-8）。
- 市场向前一个上升趋势的低位反转点的下方开始突破。这些反

转点是下行突破的支撑点（见图3-9）。

- 相比于前一个上升趋势的最高的高价，该市场会形成至少一个更低的高价。
- 市场不再产生更高高点和更高低点，而开始产生几乎在同一水平的高点和几乎在同一水平的低点。它进行最后一次横盘和整理（图3-10和3-11）。

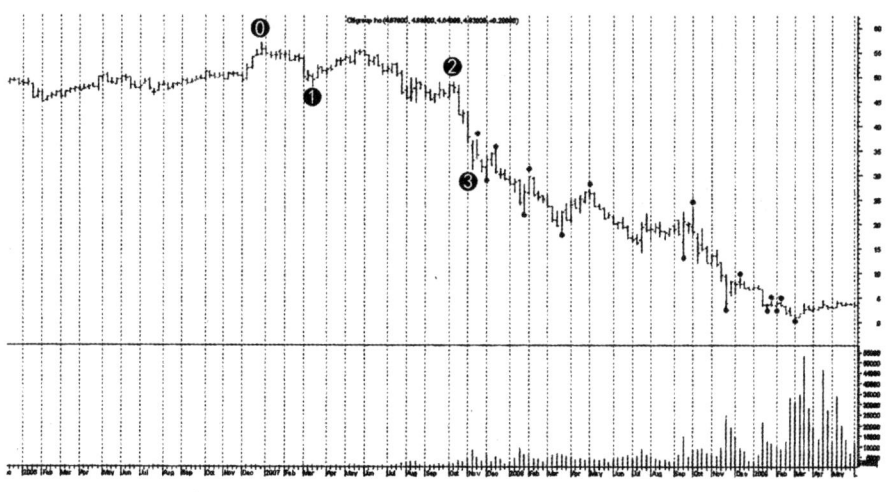

图3-9　花旗集团（周线）

在这儿，我们给出了一个向下反转。我们在2处拥有了一个较低高点，在1和3处拥有了两个较低低点。K线2和K线0不会交叉。一旦该市场结构就位了，市场就会明显反转。

— 65 —

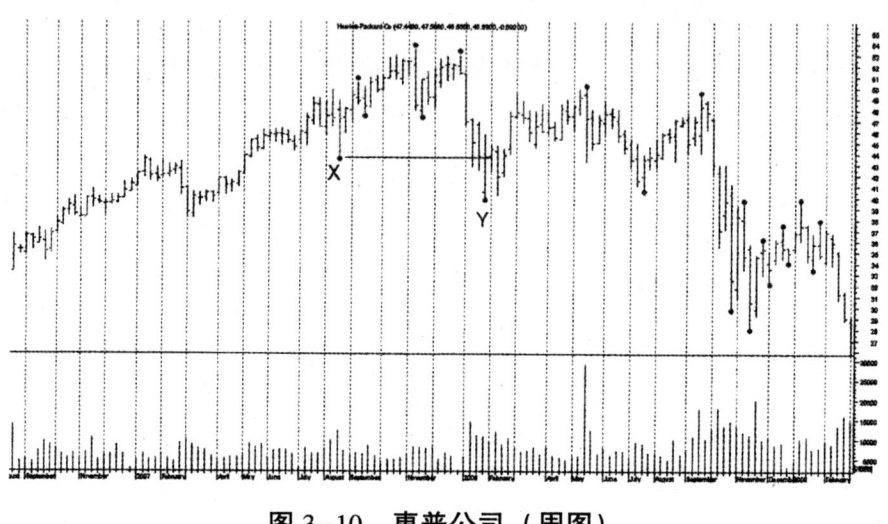

图 3-10　惠普公司（周图）

图 3-10 中，我们拥有一个向下反转结构。在 Y 处，该市场破坏了前期上升趋势的最后一个重要的反转低点 X。一旦这发生，即使该市场盘整一段时间，也会引起下降趋势，然后导致股价下跌。

**相比于前一个上升趋势的最高的高点，
该市场走出了一个更低的高点：
这就是隐藏在头肩顶形态背后的原理。**

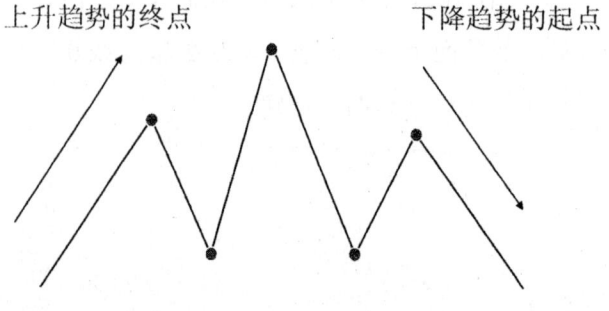

图 3-11　下降转折点

市场不再出现更高的高点和更高的低点并开始自我调整：这就是隐藏在单顶、双重顶和三重顶背后的原理。

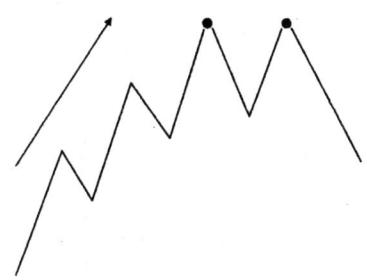

图 3-12 下降转折点

这些是确定转折点的条件。然而，它的确定还需要一个条件。在此说明。

转折点的确定

每一个转折点都可能是一个调整形态，这是因为反转型态和调整型态都被包含在横盘阶段之内。比如，这就是为什么上升趋势之内的三重顶很可能发展成一个调整形态，而不是反转形态。

要使一个转折点起作用，还要求一个条件：在市场参与者的力量对比中必须有一个明显的变化。该变化在转折点的顶点处的平衡期右侧。如果这样的话，我们必须能辨认出在市场力量对比中的这种变化。我们也需要具备识别表明市场基本结构变化的市场信号的能力。

市场阶段的内部逻辑

我们已经确定了三个市场阶段——趋势化阶段、盘整阶段和转折点阶段。这三个市场阶段有一个内部逻辑，它们形成了一个无限继续的自然的市场排列。趋势化阶段演变成横盘阶段，横盘阶段发展成前一个趋势化阶段的延续，或发展成一个预示反转的转折点。

趋势化阶段、盘整阶段和转折点阶段的次序组成了市场的次序逻辑。这三个阶段形成了能以下列序列出现的循环：

趋势、盘整、转折点或盘整、趋势、转折点。

这些序列在无限重复，该重复使我们能知道接下来是市场周期的哪个阶段。例如，如果现在是趋势化阶段，那我们就能确定下一个阶段会是横盘阶段。我们也知道这个盘整可能延续上一趋势或者产生转折点阶段。如果是在一个盘整阶段而不是趋势化阶段，我们就知道下一个阶段可能是趋势化阶段，可能是转折点阶段，恰是在该阶段，盘整变成了反转的开始。要想读懂市场就必须掌握该序列规律。具备辨认每一个阶段的能力，就会知道在当前的市场中正在发生着什么。

在上升趋势化阶段，买进者比卖出者更有力量。市场参与者都想买进，因为他们期望价格上涨，以便卖出后获取利益，利益就是他们买进的动力，因此他们期望价格会持续上涨。

在盘整阶段就存有疑问和不确定。买进者会被更多的卖出所困扰，这样卖出就能有效阻止买进的趋势，但是还不至于反转。卖出者相信他们有利可得。买进者则相信市场会持续前期的趋势，或者相信自己能在盘整范围内交易。这就是他们保持不动的原因。盘整是对下一个走势不确定的市场，不过在该处大多数参与者对趋势都会继续持乐观态度。

在反转点阶段市场参与者都会经历疑虑和恐惧。他们对市场的持续上涨持怀疑态度，恐惧会失去利益，因此，他们开始抛售，这样，买进者自然就成了力量弱的少数。在经历疑虑和不确定期之后，市场最终会反转，直到熊市起步。

趋势、盘整和转折点这些阶段的次序因时而发生。不同市场阶段的演变是需要时间的。

时间螺旋

市场在无限地自我重复,从不停止。盘整跟随着趋势。反过来,盘整又被反转所跟随,反转又再一次产生被盘整和反转所跟随的新趋势。这就向我们展示了永远无终的循环运动。然而,事实并非如此。要在本质上成为一个自我复制循环,在每个周期中这些阶段都必须以完全相同的走势自我复制。

情况肯定不是这样。市场是一个有生命的生物,周期就是它内部性质的演变和运动。周期起因于市场固有特性的延时性行为。这暗示着第一件事出现,接下是下一个,等等。市场逐渐让自己去适应新的事件和环境。它是一部追寻自身意义的活历史的一部分。

从这种意义上,时间并不是盲目的量。如同一个人出生、成长、经历成长过程中的许多阶段,直到后来衰弱、死亡,对市场来说也是如此。它们有决定自己命运的无形规律。

因此,市场阶段从不循环,因为它们从不重复。相反,它们是螺旋形的,并且每一个次序都和前面的不同,并且有不同的模式和不同的持续时间。它们的相似点只是表象上的,在其表象背后隐藏着不同,这种不同将它们真实本质区分开。辨别两个相似阶段差异的方法,就是揭露相对较近的那个阶段有何特别之处。

该时间螺旋包含两个规则:

1. 过去的在未来会一直重复下去,而未来无非就是过去的一个缩影。这就是循环规则。就是该规则使得在时间上相差很远的两个走势如此相似。

2. 过去的绝不会以完全相同的形式再在未来重现,这就是螺旋规则。它几乎是循环的,但又不完全是,而是一个会创造未来的螺旋。

这两个规则就制造了时间螺旋,这使我们总是在寻找着过去的重现。因为时间的循环性,过去总会重现。但同时,我们必须了解相似走势之间的差异。时间螺旋就在那里运行着，而最初看起来像个周期的就是时间螺旋。要想在市场中获得成功，就必须具备能识别相似循环中的不同之处的能力。它使我们能使用过去的事件作为大致的参考。市场基本结构又一次帮助我们。

明白了市场怎样演变成其不同的循环阶段（基本市场结构让我们能看到它们的结构、相似点和不同点），以及怎样从过去走势和目前市场的信息中去评判每一个事物。周期按照螺旋方式运行的现象直接决定了周期内的趋势、盘整以及转折点的运作方式。这就是这些阶段总是演变成不同形态而从不以完全相同的方式重复的原因。

形态的内部结构

基本市场结构隐藏于所有阶段和形态内部

不间断排序的阶段走势将无穷地重演下去，该变化包含一些不同的形态。价格形态就是阶段发展的不同方式。在这些趋势化、盘整和转折点市场阶段之内，因为有了反转点和三合线，波段就以一种自我演变的构建方式去自我组合。

市场阶段从不会以相同的方式重复，它们有各种可能的变化，我们称之为价格模式或价格形态。

价格运动由于某波动率将产生一系列的波段，进而形成不同的形态，最终演变成众多阶段。最后，是市场波动率构造了所有的市场阶段和形式。市场自我创建的方式是隐藏在市场之后的基本市场结构。

在分析时，你能看出来阶段走势会诞生出另一个结构层——模式形态。市场是一个有许多叠加层的整体，每一层都有特殊的功能和意义。

对我们来说，要发现和理解市场如何从其第一原理构建而成，还有市场是如何将自身分解成不同层次的。理解和辨别每一个等级以及相关的整个市场结构也非常重要。

以地质学作个类比,我们不仅要了解地球地壳的每一个层级还要明白每层次间的相互联系,以便最后弄清楚自然所创造的这个整体。

对市场来说也是如此,我们试图要理解每一个层级以及每一层级之间的联系。这让我们能明白一个整体的市场基本结构,也能明白它的第一个原理。现在我们必须要了解的就是由阶段演化而来的形态以及其含义。

现在,我们来解释一下这三个市场阶段是如何产生我们所知道的所有形态的。

所有的形态能从三个市场阶段演变而来

这三个市场阶段是:

1. 趋势化阶段。该市场在上升趋势中产生更高高点和更高低点,在下降趋势中产生更低高点和更低低点。

2. 盘整阶段。市场产生几乎在相同水平线上的波段高点和几乎在相同水平线上的波段低点,它们保持在同一水平面之内。

3. 转折点阶段。它包含三合线的终点、调整点和下一个阶段的起点。

这三个市场阶段产生了下面的市场形态

由趋势产生的形态

在产生波段时,如果连接高点和连接低点形成两条平行线,趋势化阶段就产生了一个上升或下降的长方形(或者是一个上升和下降的通道)。当趋势之内的这两条线相交于一点而不是继续保持平行时,就产生了一个旗形形态。

波段将自己转换成趋势的不同方式就产生了趋势之中的不同形态。

只要这些条件满足，那么在趋势之内形成的任何形态都是趋势化形态。

由盘整产生的形态

盘整阶段也可以演变成许多这种形态，例如，水平通道和收缩三角形。

水平通道是一个盘整区间，在其中，所有波段的高点都在相同的水平线上，所有波段的低点也都在相同的水平线上。这就是典型的水平通道。

当波段高点和波段低点因为连续的波动幅度减小而产生相交的趋势时，收缩三角形就形成了。在趋势再次开始时，许多趋势演变成临时的收缩调整，该收缩形态代表休整时段。

只要拥有了确定调整的条件，那么形成于这些条件之内的任何形态都是调整形态。

由转折点产生的形态

这些形态满足了所有转折点的条件，也就是说拥有一个运动的终点和下一个运动的起点。在这种形态之中，我们发现了多重底，包括单底、双重底和三重底，多重顶以及头肩顶。

在单顶中，上升趋势不再继续形成更高高点和更高低点，并迅速扭转成下降趋势。

在单底中，下降趋势不再继续形成更低高点和更低低点，并迅速扭转成上升趋势。

在头肩顶形态中同样有单顶结构，在该结构之中，包含上行趋势中前一个更高的低点以及新的下降趋势中一个更低高点。

在头肩底中有单底结构，在该结构之中，包含有之前下降趋势的更低高点和新的上升趋势的下一个更高底部。

在多重底中，市场不再形成更低低点和更低高点，而进行整理，创建一个支撑区。这就是在向相反方向反转并开始一个新上升趋势之前的盘整时期。

在多重顶中，市场不再创出更高低价和更高高价而进行整理，创建一个阻力区。这就是在反转和开始一个新的下降趋势之前的整个时期。

我们都已经看到了形态的样例，这些样例展示了它们都是怎样从这三个主要市场阶段中发展而来的。因为，被我们称之为形态的东西其实就是市场阶段的一些类型。

第4章 市场阶段改变的条件

基本市场结构：市场力量的关键

为什么是力量起作用？

市场的力量随同其反转点、波段、三合线以及它们发展形成的阶段和模式组合起来就像是一项精密的工程，一个复杂的机械，它可以随时准备定期和流畅的运作。然而，机器需要燃料才能工作，它还需要一个外部能源来为它的周期循环提供动力。这里所说的燃料就来自买方和卖方的力量。

市场存在影响其运行的两极，正极或卖方，负极或买方。购买力是负极，因为它产生在一个空缺必须被填入的时候。这个空缺是由低价格或对低价格的期待造成的，它将市场从负极的低点向上移动到正极的高点。正极产生抛售。当价格为正的时候就会产生抛售。它们供应充足，而且并不便宜。这一刻卖方和卖家都会出现在现场。

在这个抛售期间，价格会从高走低，从正极到负极。例如，它们会从一个长期走高的牛市到长期走低的熊市。有了这两极交替，市场会从购买多于抛售走向其对立面，抛售多于购买。这是一个不断交替的动力循环，让市场机制一遍又一遍地翻转。

这个进入到市场的外部力量，和在买家跟卖家之间力量平衡的不同阶段，能够让反转成为真实的反转，并让趋势成为真正的趋势。有多么强大的力量进入市场，将确定新的市场阶段会具有多少后劲力量。如果一个熊市要反转，不仅需要充足的能量来停止熊市，而且还需要彻底地改变力量的平衡。只有新的、新鲜的力量可以停止趋势，反转它，并让它能够继续运行下去。

只有新的力量注入市场才能使趋势持续下去。如果力量消失或方向改变，这个趋势将在它真正诞生前就结束。许多诱使我们相信它们将成为趋势的市场行为，而实际上却没有形成趋势。因此，我们需要在它们成立之初，就能从虚假的状态中区分出真正的市场行为。

基本市场结构告诉我们新的力量是怎样进入市场的：力量的三个条件

如你所知，市场起源于简单的反转点，反转点震荡创生波段。这些波段在三合线出现的时候就开始存在。包含反向波段种子的三合线让市场反转。这就是为什么每个波段在一个方向上造成一个反向波段的原因。这些波段调整的顶点始终是一个反转点。而这个反转点就是力量平衡改变的转折点。

反向波段的出现需要具备一个能够满足以下两个条件的相对力量：

1. 与现有力量相等，并跟现有力量相反。
2. 比现有力量更大，并跟现有力量相反。

如果这两个条件都得以满足，它就可以反转。如果只满足了第一个条件，我们会得到一个整理行情。这就是从力量角度区分反转点和整理阶段的方法。

这两个条件解释了对每个在某一方向的波段来说，都有一个相反方

第4章 市场阶段改变的条件

向的交替波段。在一个简单波段和它的交替波段中，我们看到两个对立的趋势，即使是短暂的。三合线结束了一个简单的波段，并且已经包含了相反的波段在其最小的反转表达中。

只要三合线出现，反转点就存在，并且它包含了上面所提到过的在一股新的力量中的两种情况。因而，每个三合线都包含有一个更大的、相对的和继续存在的力量。因此，在每个三合线中都包含有反转所必需的最小条件。在其中第三根 K 线就是反转。它的出现是为了应对力量行使的第二个条件。

那么第一个条件在什么地方满足呢？第一个条件满足在三合线中包含的反转点上。这个反转点是两个对立力量得以彼此抵消的平衡点。在这个反转点中，一个新力量的出现结束之前的力量。因而，在三合线的反转点中，旧的力量将会被新力量所取代。我们的第一个条件获得满足，也就意味着能够行使一个均等的，并与现有力量相反的力量。然而，它只在三合线第三根 K 线上，这个 K 线满足了第二个条件，因此反转就发生了。

一个三合线将波段反转为相反方向的波段，并不足以说明力量即将进入复杂趋势中。一个反向波段可以短到跟其三合线反转的自身一样长。然而，在大多数的案例中，包含在三合线内部力量平衡的转变，足以让其反向波段比它最初三合线的反转进行得更远。

我们希望知道一个能反转复杂趋势的力量何时进入市场，为了能够识别这种新的力量，就必须首先在简单的波段中进行识别。我们很想知道是什么让一个简单的反向波段能够超越其最小的三合线反转。

这就是反转力量的第三个条件。第三个条件是：在未被阻止之前持续发挥作用。

第三个条件解释了为什么一些波段会超越其三合线的反转。原因是在它们前面没有遭遇到任何反向力量。这个波段将会不间断地持续下去，直到有一个反向力量出现，停止并反转它。

在复杂的趋势中，这两个对立的力量创造了建立趋势的振荡性波段。趋势的方向将显示出力量来自的方位和移动的强度。这时我们想要知道的是这个复杂的趋势将在什么时间停止和反转。我们了解一个反转如何适用于简单的波段。现在，我们想要知道的是演变成趋势的复合波段如何被反转。

反转点的力量

为了了解趋势是如何被复合波段反转构造的，让我们来看看简单的波段反转是如何超越其初始三合线的。如果我们能检测到某个标志，将使我们确认一个刚由其反转完成的新波段，可以超越其诞生时的三合线，我们就在正确的路线上。

首先我们看到，三合线内含的反转点突破证明一个更强的力量已经进入了市场。如果没有这个反转点的突破，我们将永远无法开始一个三合线，更不用说反转了。

因此，我们得到一个通则：反转点的突破是一个有可能停止和反转先前力量运动的标志。由此可见，我们的注意力必须集中在反转点上。

让我们把这个概念扩展到复杂的波段上，例如趋势的升降就是由多种波段组成的。在这些复杂的波段案例中，我们怎样才能知道力量的平衡已经发生了改变呢？

如果我们开始在趋势结束的反转点中去寻找一个改变，我们将一无所获。原因很简单，因为趋势是由交替的反向波段组成的。趋势的最终反转点跟趋势内部的其他任何反转点都有着相同的性质，都为了成为反向波段的起源。然而，为了真实的反转，我们还需要更多的反转点。

第4章 市场阶段改变的条件

趋势的反转是一个新的趋势出现在相反的方向上。这个新的趋势将会像之前的趋势一样复杂。它将通过被其反转点链接的反向波段组成，并从它们的三合线中诞生。因此，趋势的反转标志不同于趋势最后的反转点。

为什么？因为最后的反转点是一个简单波段的反转点，而不是复杂波段的反转点。复杂波段的反转信号是原趋势中的一个反转点被突破。例如在上升趋势中，最后一个反转低点被向下跌破。

如果市场上升趋势反转，第一个信号将会是上升趋势的低点被向下突破。这个信号告诉我们一个新的力量已经能够停止前面的趋势并反转它了（图4-1和图3-9）。如果是下降趋势的反转，则标志是前面下降趋势中最后高点被向上突破（图4-2和图3-6）。在这两幅图中，我们发现了初始规则：一个反转点被突破。这个反转点是在运动内部链接最后两个波段的高点，而不是单独的简单三合线反转点。

如果现有的复合波段或趋势突破了前面运动的最后两个反转点，那么新的力量将获得进一步证实。如果是原趋势中一个重要调整波形的反转点被突破，则传递出的信号也将更加强烈。

假设一个下降趋势的两个高点被突破，这是一个强烈的信号。如果高点属于一个由许多波段组成的向上的调整，则信号将更加强烈。现在让我们假设两个上升趋势的低点被突破。这是一个强烈的信号。如果低点属于一个由许多波段组成的向下的修正，则信号也更加强烈。这就是反转点的力量。

市场力量：改变阶段的条件

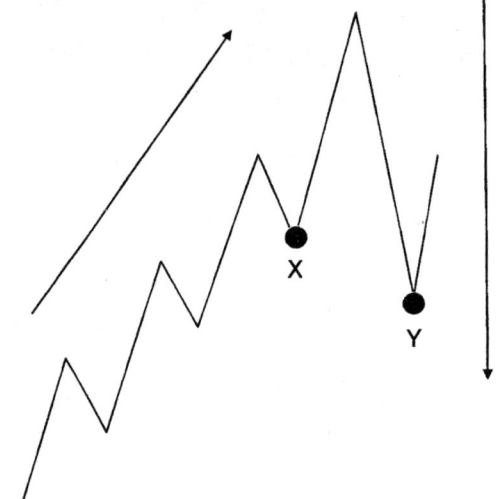

图4-1　能够停止并反转一个趋势的新力量的标志：从上升趋势到下降趋势的反转

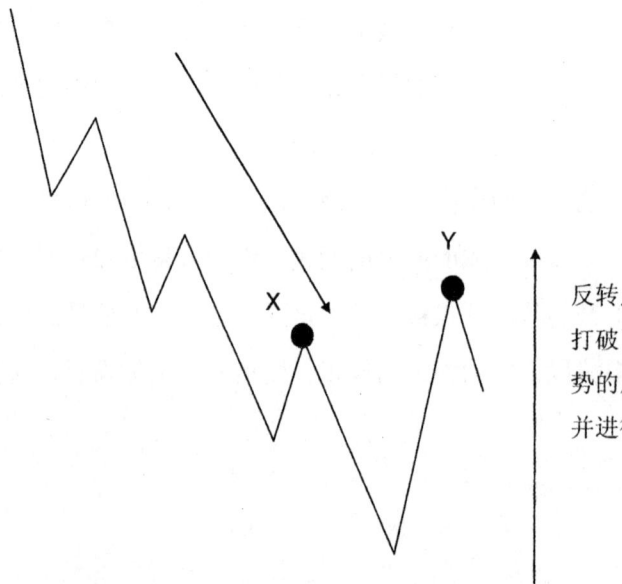

图4-2　能够停止并反转趋势的新力量的标志：从下降趋势反转到上升趋势

第4章 市场阶段改变的条件

顶部和底部的力量

原有趋势中的反转点被突破是市场新力量诞生的信号。我们曾经说过如果一个新的趋势要反转前面的复合趋势，它就必须也必然是一个复合趋势。这种新的趋势，在其成立之初，必须是复合的存在。如果新的趋势显示出最小的复杂性，这就证明一个新的力量已经不仅能够停止前面的趋势，而且会产生一个新趋势。

在这里，我们会在一个更大的范围中采用在三合线中发现的相同的原则。三合线本身是一个最小尺度的反转。对于由波段组成的复合波段亦同样适用。

我们将这种反转所需要的最小的复杂性定义为一个新趋势的开端。在这里我们需要一个来自旧趋势极限点的反转波段，以及一个后续的反向波段，对于下降波段，反向波段创造一个新高，对于上升波段，反向波段创造一个新低。要确认这个新高或新低，需要随后的反向波段突破新趋势前面的反转点。这意味着，上升趋势被反转，我们将有一个较低的高点和两个较低的低点（图4-3）。下降趋势被反转，我们将有一个较高的低点和两个较高的高点（图4-4）。

在两种情况下——上升趋势被反转，开始一个新的下降趋势，或下降趋势被反转，开始一个新的上升趋势——新趋势方向上的反转点被突破。对新的上升趋势来说，得到一组不断抬高的新高，对新的下降趋势而言，得到一组不断降低的新低。反转点的位置和数量以及新趋势方向上的反转点被突破，告诉我们一股新的力量正在驱动新的趋势。新生的趋势有机会发展为一个成熟的趋势。

我们有两种方法来获悉将产生一个新的趋势，同时一股新的力量已经进入市场：

1. 反转点或者重要的阻力位和支撑位被突破。

2. 在新的上升趋势中形成较高的连续高点和较高的连续低点，或是在新的下降趋势中形成较低的连续高点和较低的连续低点。

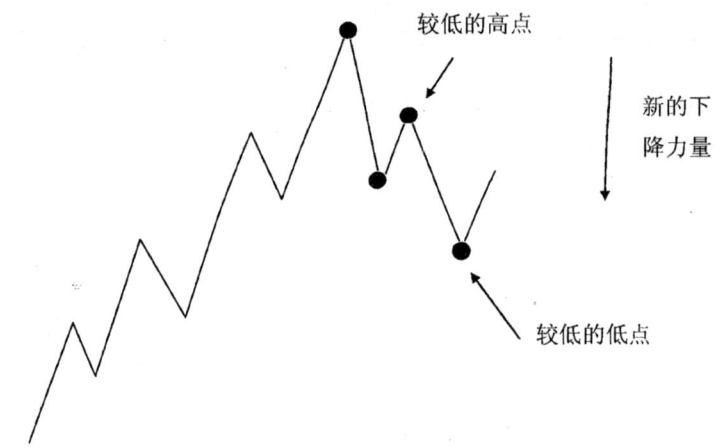

图 4-3　能够停止和反转趋势的新力量的标志：从上升趋势反转到下降趋势

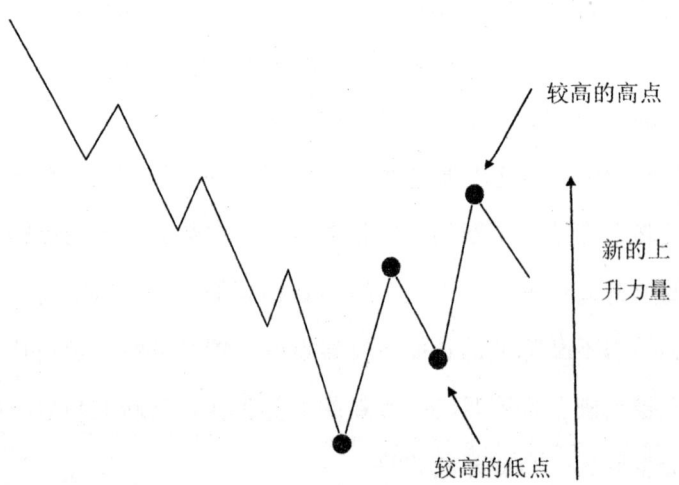

图 4-4　能够停止并反转趋势的新力量的标志：从下降趋势反转到上升趋势

第4章 市场阶段改变的条件

在市场中,这两种方法可以告诉我们一个新的力量已经出现,这个力量能够反转趋势并将其发展成新的趋势,当它们同时存在时,这个力量更为强大(见图3-6)。这不仅意味着新的趋势已经打破了重要反转点或旧有趋势的价位,而且还说明它已经在新的趋势中形成了新的反转点或价位。

基本市场结构与其反转点、波段和三合线再次给了我们一个确定市场中力量平衡改变的线索。以上讨论仅限于突破价格反转点和前面运行的价格位,或是在新运动中建立新的价格反转点和价格位。

但是,对确认新力量来说,还缺少了一个元素,这就是时间因素。下面,让我们看看基本市场结构对时间及其与市场力量的关系都说了什么。

市场力量和时间因素

时间和市场力量是密切联系在一起的。市场力量可以比作一块弯曲时间的磁铁。在市场内部,力量平衡的重大改变能够对时间产生深刻的影响。当进入市场的力量面临变化时,振荡时间可以更长或更短。变化将有效地转化为时间的改变。这给了我们另一个工具来确定市场力量中潜在的变化。

在解释时间的变化如何表示市场中力量平衡的变化前,让我们先讨论一下时间模式的概念。时间模式是真实有效的价格模式。时间模式有很多种类型。包括波段时间长度的改变,它们的时间反转点,以及衡量市场行为或关键日期的特定时间长度。

时间反转点是时间长度的极点。如果运动长度是十天,那么第一天的第一刻是开始的时间反转点,而第十天的最后一刻就是这个时间波段的截止反转点。如果下次运动超过了这个长度，它就打破了之前的时间反转点。如果没有超过，那么时间反转点将仍然完好无损。

另一种时间模式是简单的时间长度。在这里，我们简单地从运动开始处测量不同的时间长度。这个固定的时间长度标志着另一种时间反转点。一个运动可以在 18 天或 45 天后反转，抑或是在 90 天后反转，等等。在这里我们有反转或市场变化经常发生的固定长度。它们同样可以在几个礼拜、几个月或几年中进行测量。5 年周期，10 年周期或 20 年周期等都是这种运动的例子。

这些运动建立一组集合。如果我们有类似的时间长度或波段的不同市场行为，我们就获得一个可能意味着重大变化的集合。这种时间模式也可以是动态的。在这里，我们拥有可以根据比率来改变其跨度的时间长度，如菲波纳契比率。关键日期是另一种时间模式，是发生反转的时间反转点。

我们只对一种模式感兴趣。这个模式将告诉我们一个新的力量正进入市场并在改变它的平衡，以及反转即将到来。

这里应该解释一点，价格波段可以在时间长度内被测量出来，时间长度指的是交易时间单位的数量。交易时间单位数量是波段中的 K 线数量。我们同样可以测量日历时间周期跟波段反转点之间的数量。这些时间周期，不论是按交易时间还是按日历时间，都倾向于总是保持在一个范围内。它们是周期性的。在限定范围内无限地进行着自我重复。当这个范围变化显著时，我们面对的是一个可能发生的反转。

在一个下降趋势中，力量的主要方向是向下。因此，最强的波段是向下波段。它们有着最多的 K 线。时间显示出一个向下运动的倾向。在上升的趋势中刚好与之相对。持续时间最长和有着最多 K 线的波段是向上的波段。时间有利于向上的运动。

第 4 章　市场阶段改变的条件

时间因素在当时有利于运动的方向。当这个时间因素改变其平衡并进行反转时，它显示了市场方向的变化。这个在时间因素中的变化只能发生在新力量到来的时候。

我们现在有一个将使我们能够判断新的趋势是否在积累阶段的元素。这个元素必须呈现出趋势是否发生变化。它将使我们能够区分真实和虚假的反转。

我们已经看到，在上升趋势中，在趋势中向上的运动相比向下的运动，往往持续更长的交易时间和日历时间。我们同样在下降趋势中看到对应的情形。在下降趋势中，向下波段跟向上波段相比，往往会持续一个较长的时间。也就是当这个时间比率变化显著时，一个新的趋势开始形成。

例如，如果是在一个向上的运动中，向上的波段平均有五根 K 线或持续七个日历天数，向下的波段平均有三根 K 线和持续三个日历天数，但是这个比率是变化的，这个趋势迟早会发生改变。如果在上升趋势的例子中，一个向下的波段出现六根 K 线或七个日历天数，而不是有着三根 K 线和三天，时间因素已经从三变成了六。这就预示着反转已经接近了，即使市场仍持续一段时间的上升趋势（图 4-5、图 4-6）。

让我们为下降趋势做个反转。如果它的下降波段维持五根 K 线或七天，它的上升只持续了四天，但是在趋势中的某个特定时间中，上升从四天变成为八天，时间因素增加了一倍，反转正在形成。即使市场继续了一段时间的下降趋势，但上升波段时间变长仍然是反转将近的一个信号。这个信号应该始终予以注意。它非常强大（图 4-7、图 4-8）。

由最后的波段造成时间因素的改变宣告了一个极性相反的新力量出现：这个趋势可能已接近结束。时间因素在最后的下降趋势中，由三变到五

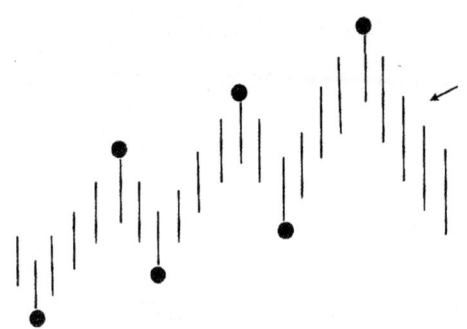

图 4-5　一个上升趋势中的时间因素

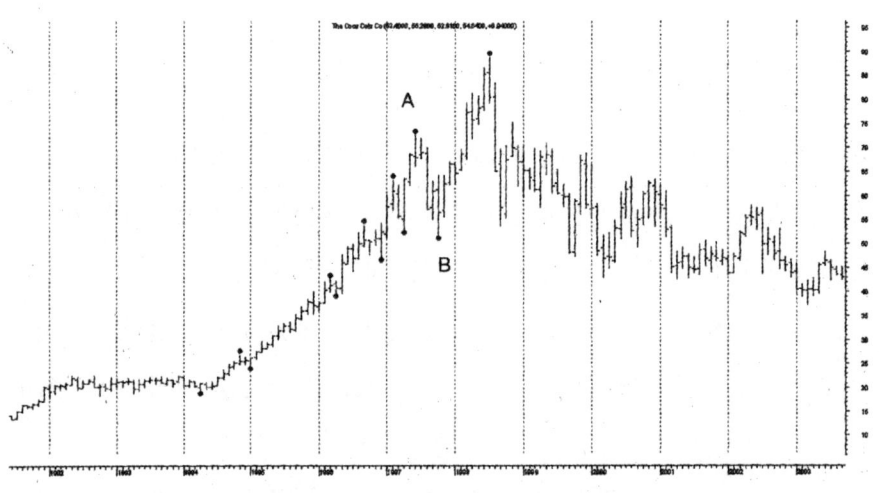

图 4-6　可口可乐公司（月图）

图 4-6 中，在上升趋势中的时间因素在下降波段 AB 中从 3 和 2 到 4 发生着变化。这是指，AB 在它的高位反转点 A 和最低的反转点 B 之间有 4 根 K 线。而 AB 前面的两个下降波段分别有两根和三根 K 线。

这种变化在时间因素中就是一个信号，该信号宣布了一个反转即将到来。事实上，市场在反转之前会有一个持续时间长而起决定作用的上升波段。

最后波段中时间因素的改变宣告了一个新的极性相反的力量已到达：该趋势可能已将近结束，在最后的上升波段中，时间因素已经从三变化到了五

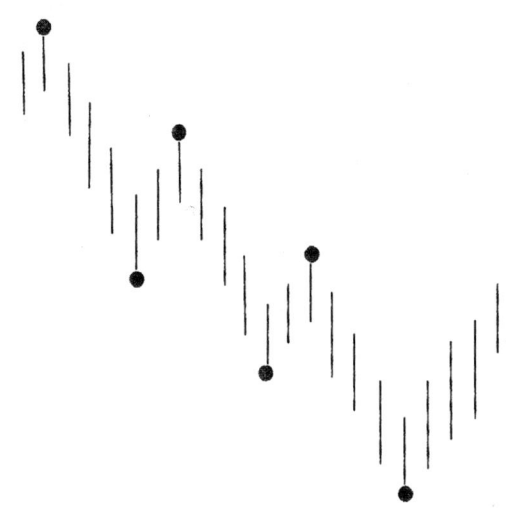

图 4-7　下降趋势中的时间因素

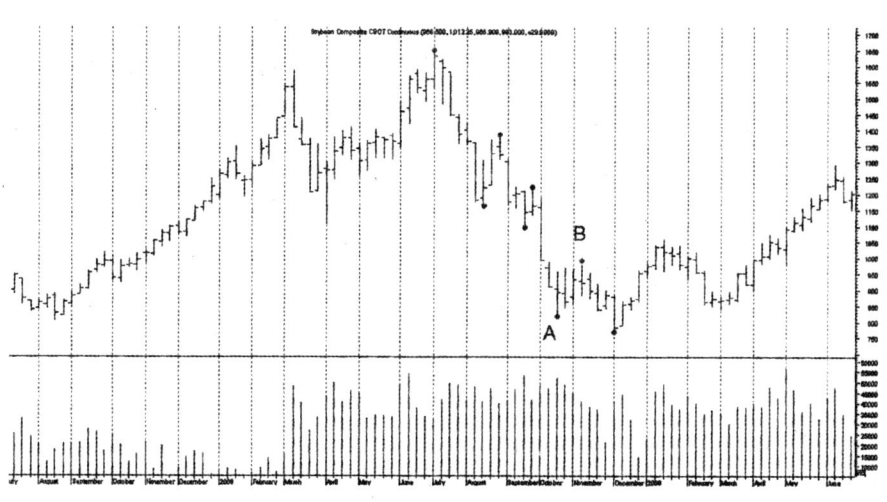

图 4-8　芝加哥交易所的大豆期货综指（周线）

图 4-8 中，在 AB 中的时间因素在下降趋势中从 1 到 3 发生变化。这是一个宣布反转随后会发生的信号。

市场基本结构与其反转点、波段和三合线再次给我们提供了一种描述和确定市场中新力量出现的方法。有了这些知识，我们将能够在新的趋势正式开始时就给予确定。这将帮助我们避免在趋势发生真正改变时为其困惑。

在市场分析中，我们必须使用工具：（a）时间因素；（b）重要反转点的突破，以及在新趋势的诞生阶段中，新关键价位的建立。在看到时间因素是如何产生反转后，让我们探究一下能量因素。

能 量 因 素

作用和反作用的规律

能量推动市场的运动。买进和卖出都是能量流动的方式。这种能量的流动一般会在市场振荡之后发生。每个市场都是一种能量流通的媒介，这个媒介让特定方式振荡的能量流获得了形态。市场是一种振荡器，它用接收到的能量建立了振荡。反过来说，这些振荡建立了市场行为、阶段和价格形态。

在一个趋势中，时间运动循环往复。如果它们在一个方向上持续很长时间，就会反转，且它在相反方向上持续的时间与之前存在某种比率。时间和速度可能会发生改变，但是所消耗的能量是相同的。例如，一个熊市通常会持续相应牛市的三分之一的时长。时间虽然短了，但速度和力量会更剧烈，因而市场的能量与牛市相同。

能量因素告诉我们，市场总是在对立和维持其初始平衡状态之间循环往复的。这些看起来像是不平衡和运动的状态，实际只是一种保持平衡的新方式。它总是一个平衡，并且只要一个动作完成，相反的运动就开始。这就是为什么牛市不会始终持续下去的原因。同样，熊市将会被新一轮牛市结束。

当价格处于高位时，所有的能量都将用于抛售。当价格走低时，同样的能量将用于购买。这个周期将会一直重复下去。市场是固定不变的循环流通。一旦认清了这些，我们就会认识到要去等待合适的时机。每个市场都迟早会用各种方式回归的。无论可能有着多么暗淡的前景，市场能量就在那里，等待着出现。

此外，只有能量可以保持不变，其他的一切都将发生变化。因此，我们将会等待着市场以一种特别的方式来运行到某一时刻，确定它的能量正在创建运动和方向。从这个意义上讲，每一个市场阶段或价格模式都有着或多或少的能量，也就是或多或少的潜力。这种能量可能正在使用中，或是在场边等候入场中。

要认识能量的存在，就要认清它在每个阶段中有着怎样的行为。让我们来看看能量是如何在盘整期间表现的。

零点或中性点

在一次盘整中，市场的能量处于等待和自足的状态。它是中立的，并在同一时间，建立了庞大的、秘密的爆发力储备。

特德·沃伦是一位交易商和作家，他发展出一套盘整交易的策略。对我们来说这不是最好的策略。我们最好是等待一个盘整被突破。不过，他阐明了一种看法。他论证了盘整中包含有潜在能量，它们是市场能量的蓄电池。这种能量日渐累积。它积聚的时间越长，其随后的运动就越剧烈（见图4-9）。

图4-9 美国铁路协会有限公司(月线)

图4-9中,我们拥有了在起作用的能量因素。在许多年的盘整区间之后,一个突破发生在箭头处,并且一个将持续两年的上升趋势开始了。该盘整区间就将突破和新趋势所需要的能量累积起来。

在盘整阶段中,市场能量积聚在市场力量彼此抵消而产生的市场零点上,在这里买卖双方的力量均等。这种平衡存在的时间越长,要打破它也就越困难。

这个困难造成了能量的积累。这个积累是一种潜在发展,它虽然没有实际形式的存在,却能产生实际的效果。换言之,打破一个长期的盘整必须要有巨大的能量,需要一个巨大的能量,否则盘整将不会中断。一个长期的盘整是一个市场习惯,这个习惯以其多数参与者的意见作为条件。

长期盘整期间应该关注的事项,不是购买或出售,而是等待时机的成熟。我们可以把盘整比作蓄有成千上万吨水的大坝。这就是它的潜在能量。如果大坝崩塌,力量将是毁灭性的。这是由于一直在等待着的潜在能量所造成的。

第4章 市场阶段改变的条件

盘整期间蕴涵潜在的能量,它将在未来带给你巨大利润,不要因盲目交易而错过。势能不是真实的力量,这两者是对立的。在盘整中,一切都像是石化的岩石,买方或卖方被固定和中立,这就是为什么盘整期间应该避免交易。

我们可以用一个比喻说,市场在此时睡着了,并在沉睡中恢复它失去的能量。它睡得越久,就恢复得越好,并在醒来时更为强壮。

现在让我们用这个能量观点来观察一下趋势。

能量爆发在新的趋势之后

盘整积蓄能量,为趋势所用。在一个趋势中,所有在盘整阶段积累的势能都可以用于创造一个推动市场的力。这种力跟势能并不相同。当力量推动市场时,能量作为储备日渐消损。这种能量会随着越来越多的力用于运行市场而不断减少。当力被耗尽时,能量就会改变极性,并被反向的力所消耗(见图4-10)。

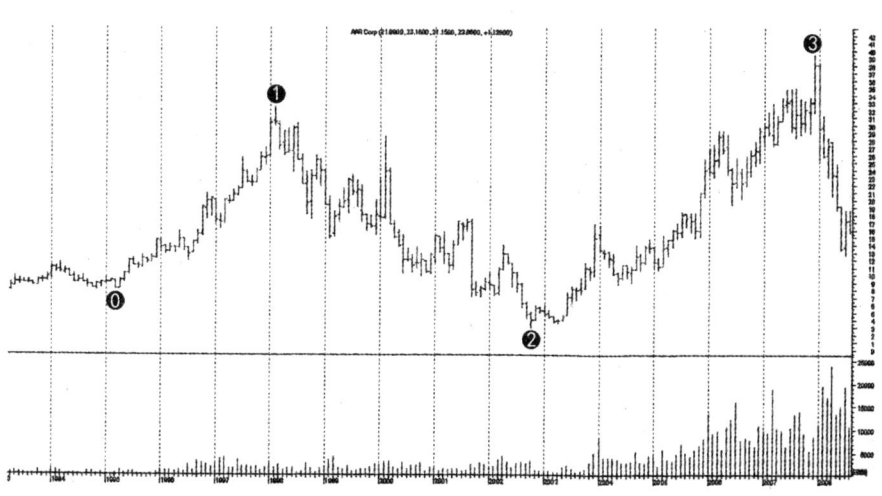

图4-10　美国铁路协会有限公司(月线)

图 4-10 中，我们拥有了能量因素的另一幅图。从 1998 年持续到 2002 年（反转点 1 到 2）的熊市就为从 2003 年持续到 2008 年（反转点 2 到 3）的牛市累积了所需要的能量。因此，要去重视一个运动的持续时间，因为它能提供给我们关于下一个相反方向的运动持续时间和能量的强大信息。

当一个运动耗尽变换为力的能量时，相反极性的能量将开始积聚。能量始终保持不变。它只是改变极性。极性改变，但是能量仍然存在。它总是潜伏着的。

能量就像真实市场行为和力的影子。能量总是潜伏着，一旦能量成为现实的动力，市场将在相反方向积聚新的潜能。

让我们研究一下任何方向的趋势。让我们假定一个方向的趋势正好处于它的中点位置。我们将需要 50% 的势能来为市场方向提供燃料，这将消耗它自身的力量。这是一支按照它的方式推动市场的实际力量，是市场参与者的实际行动。如果这支力量将走完全部趋势，那剩下的 50% 的能量将在不远的将来转换成实际的力量。

现在，有 50% 的能源已经被用尽，作为一个给定极性的力量，它已经将自身转化为 50% 的能量，或是相反方向极性的潜在运动。一旦趋势到达终点，它就将自己的势能 100% 地转化为实际力量。这时，潜能也完全改变了极性，将准备为反向的运动提供燃料。

让我们研究一下向上和向下反转的极性，就从向上反转开始吧。

负极：向上反转背后的能量

向上反转的发生，一定是一个从少到多的运动方式。价格低，并对买家构成吸引。获利的潜力表现为价格能走到多高。这个获利的潜在行为就像一块吸引购买行为的磁铁。于是市场开始上升，上升趋势也随之开始。

这个从少到多的运动，从市场低价到高价，可以等同于一个从负极到正极的运行过程。低价格是市场的负极，这将吸引购买力。这支新的购买力将一直运行到它的正极（价格被高估时）结束。

在上升趋势和购买力开始，我们有着大量的势能，它可以将自身转变成购买力。这个能量为购买力添加燃料，它会在转化为抛售势能的时候起到相同的作用。由于上升趋势从负极发展到正极，这种抛售势能会一直增长到我们拥有100%的抛售势能和0%的购买能量。这时我们到达正极并反转了趋势。

如果盘整发生在市场反转前的上升趋势中，购买能量只剩下很少一部分，并通过抛售能量获得补偿，直到购买能量消耗殆尽。盘整是一个信号，表明抛售力已经增长，股价由上升已变为横盘。在这个特殊的情况下，盘整是由于抛售力增长，而购买力保持不变或有所下跌。

一个向上运动中的盘整是引入额外抛售力的标志，同时价格曲线的角度趋于0°。在盘整中，市场不会上升或下降。它是沿着0°线水平运动的。因此，当一个力进入到市场中时，它会倾向给定的角度，并弯曲它，只要市场停止上升和倾斜度变小一段时间，这个角度就会趋于0°。市场中的角度不仅仅告诉我们它运动的速度和加速度，而且还告诉了我们市场潜力和市场力量的相关情况。

当价格曲线角度趋于零度，开始水平走向，表明力量在均衡中，并且反向势能正开始转换为实际力量。在上升趋势的案例中，盘整告诉我们，潜在的抛售能量正开始变现，虽然还不足以能反转这一趋势。

现在，我们将研究向下反转。

正极：向下反转背后的能量

向下反转的发生，一定是一个从多到少的运动方式。价格走高，并对卖家构成吸引力。获利的潜力表现为价格能走到多低。这个获利的潜在行为就像一块吸引抛售行为的磁铁。于是市场开始下跌，下降趋势就开始了。

高位价格处于市场的正极，这将驱动卖出，直到股价向下到达极点（股价被低估时）。在下降趋势和抛售力的开始，我们拥有大量抛售潜能。由于这个能量为抛售力提供了燃料，它会将自己反转为购买潜能。由于下降趋势是由正极进展到负极，购买的势能将一直增长到我们拥有100%的购买势能和0%的抛售能量。这时我们到达负极并反转了趋势。

如果盘整发生在市场反转前的下降趋势中，抛售能量只剩下很少一部分，并通过购买能量获得补偿，直到抛售能量消耗殆尽。盘整行为是一个信号，表明购买力已经增长，下降走势已变平为横盘。在这个特殊的情况下，盘整是由于购买力中的增长，而抛售保持不变或减少。

在一个向下的走势中，盘整标志着引入额外的购买力，或者至少是抛售相对于购买力的逐渐减少，其角度趋于0°。最后，这些力量总是在更深层次地平衡自己。一个趋势阶段看起来像什么，一个盘整阶段，或者一个转折点阶段，它们都仅仅是势能从一个极性到另一个极性的转化。

市场潜力总是存在的，虽然它可以隐藏。然而，它始终是一个有着实际效果的虚拟力量，并在证明市场条件有效时才被释放出来。这是一个总在平衡中的真实能量。

潜在的利润让买家入场购买，让卖家抛售出局。它同样让前者转变为后者，让实际买家变成未来的卖家，以及让实际的卖家变成未来的买家。

总之，反转的能量或潜力是在一个特定方向的运动期间不断积聚，能量极性会逐步改变，直到这个变化完成，并且能量会潜在地改变为新的力量，它将在新的方向上积极为市场加注燃料。

现在我们要问一下，我们在前面解释的这两极市场能量和时间因素之间是一种什么关系？

时间因素

在时间中出现的能量

我们已经说过了，市场能量是一种潜在能量，它在等待着能被使用的合适条件。这意味着能量和时间之间有着特殊的关系。

仅就潜力而言能量本身超出了时间的界限。我们可以把它看作未使用的燃料。燃料拥有潜在的能量，并只通过爆炸来释放。在爆炸开始前，我们在空间和时间中拥有燃料，但是潜在的。

就拿石油来说吧，数百年来，它都毫无价值。只有在当今时代，需要用石油作为燃料来驱动汽车和机器时，它才成为高价值的商品。

市场能量也是同样的存在方式。它就在那里，但是只是作为一种可能性，等待着某个合适的市场阶段。它需要适当的条件，其中之一是此前的市场阶段为该能量提供储存器。在那一刻，能量将出现在时间中。它的出现将表现为一个特定的极性或潜在的极点。正如我们所看到的，在它的时间和空间发展期间，上升趋势将产生真实潜能，这个潜能有可能产生反转。

从这个意义上说，时间是能量的容器。市场需要时间去酝酿特定的波段、阶段与形态，这个过程越长，积累的能量越大。

让我们来看一个实际的例子。假设我们有一个上升趋势，比如一个持续了六个月的牛市。这意味着在这六个月期间，反转的势能已经在稳定地日复一日地增长。一旦这个势能积累到最大值，市场将反转，并且之后下跌的时长与之前上升期的时长成比例。

现在，我们来看一个更长的时间框架，比如十年的时间框架，它将为根本的反转积累更大的潜能，随着能量积累，出现一个反转的可能性也就更大。

这告诉我们潜能的积累将为反转提供燃料。积累阶段的时间长度越大，它在反转时也就越强劲。

价格三合线是时间三合线的映射

三合线存在于时间和价格中。三合线中第一根 K 线是过去了的。中间反转点产生的 K 线是现在的，而第三根 K 线是众所周知的，它就是未来。

从这个角度来看，三合线包含了三个时间窗口，分别是过去、现在和未来。现在只在未来中显现。而在当下，它已经成了过去。只有当第三根 K 线被绘制完之后，我们才知道反转点的样子。

在三合线中，代表未来的第三根 K 线是过去的反转。从一个反转点的角度来看，它的未来指的是下一个 K 线在时间中对它的定义。它的过去是之前的 K 线。

时间三合线被定义为市场的过去、现在和未来。过去是时间阶段 1，被明确的事件所表示。现在总是一个时间反转点。它是在发生变化的那一刻。被称为时间 2。未来是从这个转折点瞬间产生的新的事件，也就是时间 3。

价格三合线是时间三合线的一种具体情况。如果过去是一个向上的波段，现在是反转点，走势改变的极性就是准确的时刻。未来是一个新的走势，是向下波段。

如果三合线的过去包含有向下的波段，它的未来将一定会包含向上的波段。其原因是，过去和未来都有反转的极性。时间从过去到未来循环往替，其转折点就是现在。

价格三合线反映出这个时间三合线，这是比较普遍的，因为它不仅适应于价格和市场，而且适用于许多其他类型的现象。每个时间的改变都意味着一次实际的变化，和在极性上的改变。这意味着，过去反映了它自身在未来将通过的现在，并在这样做时，会改变它的极性。

让我们看看市场中的相关例子。首先让我们看一个三合线的例子。如果过去是一段向上的 K 线，其未来将会是向下的 K 线。变化产生时所通过的那个坎是一个瞬间，即现在。我们称之为反转点，它是由于极性改变产生的事实。

现在让我们假设一个更普遍的事件。过去的一个牛市将在未来被一个熊市跟随，在市场转向的现在进行着改变。如果两个市场事件完全相同，那会发生什么情况呢？其实那是不可能的。它们最多也只是相近。未来的事件可以跟过去的事件相类似。对于相似性的发生，需要一个极性的改变。过去不等同于未来。

因此，当我们在思考市场中的时间时，我们绝不能认为它只是空洞的时钟时间，它是真实的时间，它会因为市场的内部时钟而运行着，这个市场的内部时钟有着它自己的节奏与协调，并跟它的自身特性合拍。

市场时间不同于时钟时间

我们已经知道了市场时间并不是时钟时间。它不是一个空的时间，而是实际的时间。每个市场时间单位都对应于一个具体事件。我们可以进一步具体地探讨市场时间的概念，以及与时钟时间的不同。

让我们回到对时间的普通定义上来。时间是对运动的测量。这个定义来自亚里士多德。我们通过对另一个运动的比较来测量运动。

例如，如果书写本书的一个章节使用了地球旋转两周的时间，那么写作就花费了两天时间。我们常说的时间，是比较某个事物的运动相对于另一个作为参考事物运动的结果。

时间是连续的，先是第一件事情，然后是另一件事情。时间不是同时发生的，而是运动着的。它只存在于相对运动的事情中，并可以跟其他事情发生关系。我们通过地球绕着太阳完成一周的运动来测量一年。

一年中的每一天则是地球绕着自身轴线旋转一周的时间。如果我们把从一个日出到下一个日出分成 24 份，我们一天就有了 24 小时。如果我们制造一台机器，从一个日出到下个日出旋转 360°并把它的刻度分到 24 份里，我们就有了分钟，然后再把每一分细分成 60 份，就得到了秒。

现在，用同样的方式，地球的时间是通过相对于太阳的运动测量，并细分这个运动得出的，市场可以被发生在其中的运动所测量。这个在市场内部的时间跟只在交易日或日历天中测量的时间是有所不同的。如果定义这个市场内部时间，应该说，每次市场运动都是一个时间。

这个市场时间的单位是什么？每个动作都是一个单位，这些动作有着层级关系。其刻度等同于秒。因此，一个刻度发展成为一根 K 线，而 K 线可以等同于一分钟。

然而，这些时间单位不会停留在 K 线上。K 线会发展成波段，而波段可以等同为小时。然后，波段发展成为市场阶段，或者是一个趋势，或是盘整，或者是转折点。我们由此得出了市场日。

我们同样拥有市场内部年。一旦市场已经走过它的整个周期阶段，市场年也随之完成。我们曾说过，市场会无限重复这个相同的阶段。

现在，你可能会说，这些单位已经完全超出了刻度的类型。两根 K 线将不具有相同数目的刻度，两个波段将不具有相同数目的 K 线，以及两个市场阶段将不具有相同数目的波段。市场年也如此。两个包含市场阶段次序的全部周期也不会相同。

然而，市场内部的时间不是一个任意的、外表牵强的、结构上一致的时间。我们在这里正面对一个与质量有关的时间，它有时会走得更快，有时会走得更慢，但结果会是均衡的。一个类似的现象是主观世界相对于时钟时间。对所有人来说时钟时间都是相同的，但是如果我无聊

第4章 市场阶段改变的条件

地待在候车室里，相比沉浸在一些我喜欢做的事情中，一个小时会变得更长。

它与市场时间相类似。运动可以有着数量不等的单位，但是它们都代表一个市场运动，例如，一个在它相应的时间单位里的度数。如果市场移动了三根K线，它就运转了三次。如果市场移动了三个波段，它就移动了三次波段，如果它移动了整个阶段，那么它就移动了阶段一次。如果它的周期一旦在不同盘整中通过所有三个阶段，那么它就已经完成了一次完整的市场时间循环。

现在，我们将探讨这个本质上弹性的内部市场时间是如何为我们工作的。

如何使用市场的内部时间

市场时间是弹性的。跟另一个相似的运动相比，一个时间或市场运动可能有不同的长度。这些单位是可被测量的，而测量方法同样可以进行比较。这些比较给予我们将会循环重复的测量方法。例如，区分波段的方法。我们将测量它们的时间单位以及K线。然后，我们将拥有每个波段的内部时间。一些波段会有较多的K线，也有一些的K线较少。它们的弹性意味着一些波段失去了时间，而其他一些增加了时间。

一个波段在价格上进展太快，有着过于陡峭的角度，并有少于平均的K线或时间单位，它将会再次快速回落，只有短期的寿命。一个进展缓慢的波段，并有着比平均值更多的K线时间单位，可能会更常实现其目标，并且没有放弃它在价格提升中的赢利。此外，一系列的大波段将会通过一系列短的波段趋于平衡。我们可以有一系列的扩展和收缩。

然而，市场总是倾向于在它们整个时间单位中找到一个平衡。在实践中，这意味着一系列小的移动将导致更大的移动，反之亦然。这方面的一个例子是，一个以低频波段开始的波段，将会在运动结束时有着高频的波段。

在这个市场的内部时间中，趋势的单位就是波段。趋势的测量方式是它的波段次数。这使我们能够通过计算它包含的波段数量来测量趋势的内部时间。这不是价格、交易时间或日历时间。它是市场自身的内部时间，包含在自己内部创建的单位中。

弹性原则再次开始发挥作用。一些趋势将在短期内用较少数量的波段产生大的价格走势。这些趋势将被有着更多数量内部价格走势的趋势平衡下来。同样，如果时间不平衡价格，大幅调整将随之而来。

相对于内部趋势来说，这个内部时间的有用之处就是我们通常可以了解趋势拥有的波段数量。我们将会通过它们波段的数量来知道趋势的持续时间。这使得我们能够计划将要研究或正在计划交易的大概趋势长度。我们将会发现，某些关键内部时间单位数目会趋于重复。因而，市场将揭示它的振动频率秘密。

因此，我们要学会不仅仅依据价格，而且还能根据时间进行思考。这种态度可以为你节省大量的时间，并获取利润。

现在我们已经探讨了基本市场结构和不同的观点。现在，让我们开始本书的交易部分。你将学习如何使用基本的市场结构来交易。

第5章 成功交易的基本原理和策略

使用基本市场结构来进行交易

运用核心市场原理的交易策略

在这儿你需要学习的交易方法是建立在基本市场结构和它的核心元素之上的。从本质上说这种方法使你能够只运用一种原理就能使用多种交易方法。

你可以只利用基本市场结构进行市场交易，也可以将图表形态连同基本市场结构来进行交易，也能将移动平均值、通道、波段或不同类别的数学指数（如平滑异同移动平均线）和基本市场结构结合起来进行交易。

该基本市场结构给出了可能会成为你的交易工具的有限元素。作为你市场工具的这些元素就是：

1. 反转点；
2. 波段；
3. 三合线；
4. 市场阶段：趋势化阶段、盘整阶段和转折点阶段；
5. 形态：顶、底、三角形、通道等等；
6. 时间和价格循环。

这些工具会帮助你明确你的交易策略和方法、入场点、出场点、止损点以及风险控制和资金管理系统。这些工具简单而精确。明确交易和投资是工具本身的自然结果。就因为简单才明确，明确到每一个工具都能被任何人识别，让人没有困惑。

任何人都能辨别反转点、波段或三合线，也能辨别阶段或形态。在图表或电子表格中它们都能从外表上辨别，能在图表格式或电子表格格式中得到表达，它们是几何的或算术的。一旦被辨别了，将它们使用起来就很容易。没必要非要最大限度地去利用它们，它们也不可能被最大限度地利用。如果市场要求你这么做的话，那你就要去辨别这个工具以及在市场时间和空间之内的实际位置，并要去使用它们。

每一个工具都有自己明确的交易功能。一旦你理解了这种功能，那就要做好使用它的准备。

我们这个方法的本质优势就是其明确性和简单性。因为不需要去优化任何东西，这就给我们提供了一个强迫我们要在它里面进行交易的框架。我们也必须将我们的交易只集中于一个有最少的可能参数的系统之中。

从理论上来讲，复杂系统是可能的。但是它们并不能像人一样工作或实用。如果简单能替代复杂的话，我们就应当保持简单，因为简单带来明确。而要让复杂系统明确的话，即使有可能，那也是非常困难的。

基本市场结构和它的工具有独特的交易特色。

能应用到所有市场的交易策略

交易方法的一个重要性就是它的普遍性。除了遵循自己的规则，它什么都不做。换句话说，在每一个市场中它都会起作用。这归因于基本市场结构，每个市场都跟随着它且每个市场都是建立在这个基础之上的。不考虑市场的话，该结构提供给我们相同的工具，因为市场必须遵

第 5 章 成功交易的基本原理和策略

循该结构的规则。

因此,我们能使用相同的工具和相同的基本方法在每一个市场进行交易,可以交易股票和股票指数以及不同的行业性股票,也可以交易期货、商品、金融或农业股或股票指数。我们能在任何可想象得到的自由市场上进行交易。

基本交易策略只有一个,那就是使用市场结构提供的不同工具,使用反转点、波段、三合线、市场阶段、市场模式、时间、价格周期和形态。这些工具中的每一个在用于交易时都有非常特殊的方法,而不用依靠猜测。相反,有一组明确且精确的规则可遵循,这些规则一直保持相同,不需要优化或完善。

使用一些特殊的方法就可以将反转点用于交易。三合线也会在一些特殊的方法中得到运用。余下的其他工具也是如此。这就使得交易简单化了。

尽管我们能用完全相同的工具和完全相同的方法进行市场交易,但是这些简单并且相对比较少的工具呈现出许多组合。这就给了我们选择的机会。我们的选择有很多,它们依赖于市场,也依赖于交易者的个性、风格和专业化。这使交易者能在相同的市场策略之内发展许多系统。

交易者可能会专门研究某一个特定的市场,并把它的范围缩小到该市场个性的最小细节之上。他会辨认出特殊的循环行为,该行为会屈服于确定的交易方法。有些交易者可能专门研究短期波段,也有些交易者会交易一个波段之内的特定模式,不过他们都要使用同一个普遍策略——基本市场结构和其中的一个或多个工具。

能应用到所有时期的交易策略

这是一个能应用到所有市场、所有的时间范围和时期的普遍交易策略。用完全相同的方式且使用完全相同的工具的相同策略能被用于交易一分钟 K 线图、每小时或任何其他的当天时间范围的 K 线图。换句话说，该策略能被用于任何交易中。

交易者能将它用于非常短期的交易或在一天时间之内的中期交易。每周、每月、每年时间范围内的也是如此，只要使用基本市场结构和其工具，它们都能被交易。在每一个时间范围之内，不同的交易方式都是可能的。

用交易三合线的普遍策略，许多子策略也能在任何时间范围内建立。每年、每月、每周、每天或一天以内的时间范围都能用同样市场的同样次级策略来进行交易。这就简化了不同时间范围内的交易任务。但是，对只研究一个时间范围的交易者很方便，他能学会在其中辨认特定市场的特性和其微妙之处。这种专业化会简化学习和实践，该普遍策略不仅对所有的时间范围适用，对每一个时期也同样适用，因为基本市场结构是相同的，而它的规则也总是保持相同，跟时间无关。在市场存在的地方，这个结构就存在并发挥着作用，这只需要满足一个条件，那就是市场的存在。

在 20 世纪 20 年代或在 21 世纪的任何一年中，我们很可能已经用相同的方法在股市或其他市场中进行过交易。这一切都可能因为相同的原因导致相同的结果。既然如此，基本市场结构就一直是市场行为的起因。这致使任何市场都以相同的方式去活动而不管是在什么时代或什么时期。

该方法的普遍性超出了其自身。我们来看一下是怎样做到的。

三合线策略并不排斥其他的交易方法

该方法不仅与每一个时间范围和时期兼容，也几乎和每一个人所知道的交易或投资方法共存，不管是技术分析还是基本面分析。只要和三合线方法论结合，任何方法都会得到加强。

当利用如移动平均线、概率统计、平滑异同移动平均线等技术指标进行交易时，三合线方法论会更准确。它会向交易者发出精确的入场和出场的信号。另外，它会告诉你技术指标系统之内的信号（比如，移动平均线交叉）是真的还是假的。

反转点和波段的序列会告诉交易者信号正确与否。如果高反转点和低反转点伴随着其相应的波段在上升，并且是在正确的位置，那么他就能根据该信号去交易。如果情况不是这样，他所面临的就是一个错误信号，必须避开。总之，基本市场结构使他能辨认错误信号，从而避免根据这些错误信号采取行动，同时能辨认出他能依赖的正确信号。

辨别正确信号和避免错误信号的能力使三合线技术与几乎任何交易方法兼容。

用基本面分析，你就知道什么时候的价格是合理的，这是建立在其价值之上的，它是被成长率等财务参数所确定的。然而，市场可能不会依照基本价值活动。这种情况很常见，价格偏低的股票能保持偏低价格几年，绝不会到达能和它真实价值相符的价格。

在这儿要应用到技术分析和基本市场结构。如果市场行为恰当的话，它会告诉我们去买一个基本面稳定的公司的股票。该结构和其方法会给我们提供恰当时间。另外，如果市场形势（正如基本市场结构所显示的）认可买进基本面稳定的股票或卖空高价股票的话，基本市场结构和交易方法将使我们能辨认出。在不同的情况之下，不管你是在使用技术分析、基本面分析还是同时在使用着这两者，基本市场结构都会强化你的交易和投资决定。

交易三合线，就是一种能让你做到这些的交易方法，并且运用起来很简单。

并不依赖复杂数学的交易策略

三合线交易法是建立在简单概念和简单工具之上的。它们背后的计算和几何的意义很重大，不过很容易理解。三合线本身就是一个能确定反转点的简单反转式结构。波段会从不同的角度交替，这会确定我们是面临盘整阶段还是趋势化阶段。

点、线、平行线和角度都是确定我们工具的几何因素，用它们就可以建立市场结构。我们也会有增长、变化率、线性和非线性、指数和非指数、对数和算术元素，这所有的几何元素都能用算术中的数字来表达。反转点是特殊的价格因素，角度是特殊的价格上涨或下跌，而线性是跟随特定增长模式的角度。

电子表格会像数字一样显示我们的数学工具。图表会将它们表达为几何形式：一个点、一条线和一个角度。这些又反过来会形成一系列的点、线和角度。

我们也有向量，它们帮助我们明白线条的方向。我们有价格向量和时间向量。

所有这些工具，不管是数字的还是几何的，都是些简单的数学元素，市场结构就从这些元素的简单组合中浮现出来了。

数学并不是说复杂才有用，恰恰相反，我们在交易和投资世界中发现了很多简单战胜复杂的例子。

这里的一个例子就是移动平均值。移动平均值并不和真实价格一致，而是和平均价格一致，可能和那些甚至都不存在的价格相一致。它也会使价格变均匀，而让基本信息远离它们。市场是由真实价格组成的，而不是平均价格。平均价格是虚构的。

在市场中，并没有均一性，而只有多样性和结构。不是所有的价格一出现就是平等的，有些价格点比其他的更重要。这就依赖于在市场空间中，在特定时间内它们所处的特殊位置。该结构的外观检测比平均值对我们更有用处。这不是在诋毁平均值或其他的数学指数，而只是说明一下它所存在的缺陷，该缺陷就是由其复杂性而导致的。

你的方法越简单，它被理解和被操作起来就越容易。市场中的显著效果总是来源于简单，对技术分析和基本面分析来说也是如此。最好的交易者只使用一个系统，最好的投资者也一样。

比如，在技术分析中有著名的海龟交易法则。他们只用一个简单的唐吉安系统进行交易，并成为最好的。在基本面分析中的专家有沃伦·巴菲特，他在一个简单的成长率基础上交易。余下所有的都是来自于它。所以，要将事物简单化，并去简单思考和简单交易。

基本交易策略

设计交易策略

这儿是我们准备交易之前所需要的物品清单：

1. 一组交易原理。
2. 一个基本市场结构的模型。
3. 一组交易规则：入场、出场、调整。
4. 一组资金管理工具：价格止损点、时间止损点、资金管理止损点、市场结构止损点。你可以选择一个或多个。
5. 一组资金管理工具：头寸调整、分散投资、资产配置、安全系数、交易系统比率。
6. 一组交易系统：市场结构型、指数型、波动型，等等。
7. 一组心理学工具：信心建立和情绪控制方法。
8. 结合上面所有的计划。

这些元素都是不可缺少的。

设计一个交易策略，必须要知道一个特殊交易计划之内的每一个元素是怎样和其他元素相关联的。例如，止损点会因交易系统的不同而不同。如果一个系统是建立在市场结构之上，它的止损点就不会以相同的方式放置，或放置在相同的地方。我们的入市策略也是如此。它根据系统之后市场模型的不同而不同。我们的市场结构模型会与一个完整的指数型模型很不一样。对于资金管理，道理也是如此。

交易者的心理也可能被他所使用的模型类型所影响。一方面，它有一个市场结构模型，在其中，市场行为变得可见。另一方面，它交易一个系统，该系统建立在对统计学的信任之上。

这儿的课程是在开始交易之前所有相互关联的元素和我们所需要的整个清单。既然已经有了这个清单，我们就来回顾一下。

交易方法的基本原理

我们交易方法的第一个建筑材料就是它的交易原理。我们已经解释过，它们是什么以及它们如何奏效。现在，我们就来逐条列举一下我们要将其用做我们主要交易工具的基本原理。

这些原理能被单独用于市场交易。许多交易系统也能被建造在它们之上。但是，使用它们的正确方法是将市场结构元素和资金管理以及风险控制工具结合起来。

现在，把我们的第一个交易工具、交易原理或市场法则列举如下：

1. 波动法则；
2. 作用和反作用定律；
3. 交替原理；
4. 平衡法则；
5. 动态不平衡规则；
6. 惯性定律。

这就是我们的市场法则。下面是使用它们的方法。

第 5 章 成功交易的基本原理和策略

波动法则

每一个市场都有它自己的波动秘诀，也就是波动率。市场波段会根据其法则来震动。该震动将会有重复的特定数字。例如，如果下降波段有一个规则地重复的幅度（例如，在几个月之中它每个月都发生两次），那么该幅度就有一个数字。该数字就告诉了你波动率。

该数字给出了主要波动，因此，你才决定去交易。一旦下降波段达到了那个数字，你就马上去买它。一旦市场逆转，调整将要结束，你就卖掉它。

如果说，回调总是 9 个点，那么波动数就是 9。一旦你看到了回调接近 9 个点，你就会买入。一旦调整将近结束，你会卖掉它。

作用和反作用定律

如果发生剧烈调整，另一个相反方向的剧烈运动应当会结束该调整。强烈作用产生强烈反作用。

当一个强力的市场运动已经走完，你可以反向交易，因为市场会在相反方向上做同样剧烈的反应。这就是使用作用和反作用定律的方法。如果出现了一年数年难得一见的回调，一个同样力度的反向运动将结束这个回调。

交替法则

这是交替序列的法则。例如，盘整跟随趋势，然后，反转点跟随盘整，再接着反转趋势跟随反转点，接着是盘整，反转点然后是反转点，再接着又是另一个起始方向的趋势。交替法则的实际应用可以在市场低迷时，在市场盘整中买入，因为它会被一个趋势所跟随。这就是托德·

沃伦所做的,他通过这么做赚了大钱。

平衡法则

市场为寻找平衡点而移动。有时,市场逆转了那个平衡点,并被约束在水平范围以内,我们就将此称为盘整。

如果该平衡上下波动的幅度足够大,就可能用边界线交易,该边界线是由平衡点所创造,它就如一块磁铁,让水平波动保持在一定的范围之内。然后我们就在下边界买进,在上边界卖出。

再次重申一下,这只是为了把它作为一个教会我们怎样在交易行为中使用平衡法则的例子。

动态不平衡法则

因为平衡被破坏才产生了运动,之后就要去寻找新的平衡,市场移向它的新平衡点。趋势就是这么诞生的。

价值和价格之间的新平衡点已被创建,市场匆匆去填充它,这就达到了一个趋势。随着市场到达平衡点,不平衡就停止存在了,一直到它也被破坏,一个新的运动开始。

突破就是平衡点的破坏。从开始运动,一直到它找到了一个新的平衡。这个新运动是有方向的,而不是随意的。它有一个动态不平衡。

当平衡失去了之后,它就跟随着一条有一个移动平衡中心的通道。不平衡是动态的,并在引导它的界线以内。平衡并不完全失去,它还引导运动。

不管是上升还是下降趋势都是这个法则的实例。要交易它们,只要均衡被破坏,平衡已失去,我们就要赶紧去跟随趋势。

再一次,交易受控制的失衡,必须依据其他的市场结构法则和交易法则。

惯性定律

该定律告诉我们市场运动或市场阶段会继续到一个外力阻止和改变它。盘整会一直持续，直到有力量破坏它。趋势会持续，除非有力量阻止它。

根据该定律，市场运动会持续到有力量阻止它。因为了惯性定律，趋势运动会继续。

如果动态不平衡法则有必要开始运动，那么惯性定律就会使运动持续到最后。我们在趋势化阶段买进，因为平衡被破坏，我们期望新的平衡点不会马上到来，这就给了我们从趋势化阶段获利的机会。

因此，在其之上有一组一般性市场规则或原理，我们可以将交易建立在这个基础之上。我们会使用它们，并依据基本市场结构来交易。现在，我们解释一下建立在三合线和前面讲到的所有方法之上的交易方法。

根据三合线，在哪里开始交易？

任何交易都会在趋势化阶段、盘整阶段或转折点阶段开始。在每一个事例中，我们都会结合市场原理和基本市场结构法则来工作。

我们依次来交易这三个市场阶段。

交易趋势

有趋势的话，波动法则要求知道不同趋势的长度、可能的价格范围和持续时间。我们必须测量所有先前的趋势来找到让我们感兴趣的尺度。

作用和反作用定律要求我们学习重要趋势，并按重要性给它们分类。不要期盼一个长期牛市从几个点的市场调整开始。实际上，我们必须将一个趋势跟随在一个相反的趋势之后，我们期望它会在力量和持续时间上同新趋势相等。

因为有了交替法则，我们才有了在趋势阶段的上升波段和下降波段。既然如此，如果我们从事趋势交易，我们就在回调波段买入，以此来将风险减小到最低。如果不是这样，我们可以在趋势方向上买入，那样，我们就必须为调整做好防备。

平衡法则告诉我们如果要做趋势交易，就别在盘整买入。许多人见到价格多年盘整而买入，并认为市场必然会上升，其实它很少如此。因此，不要违背原理去交易。

动态不平衡法则告诉我们的是平衡法则的相反意义。只有当平衡被破坏的时候再去进入一个趋势化阶段。趋势的本质是处于动态不平衡状态。不要逆着它来行事，可使用平衡突破来进入。例如，如果盘整被突破而形成趋势，那就参与进来。

惯性定律告诉我们如果必定要继续的话，那就趋势化交易。应用波动法则来告诉你一个趋势应当有的范围，它是作为它相反方向的之前趋势的反作用。从本质上来说，惯性定律要求你避开阻碍。惯性会被阻碍所取消。只要在地平线上没有阻碍，趋势就会继续。阻碍包括之前的阻力位或之前的支撑位。

当它接近之前的强烈支撑位或阻力位时，趋势就有望减速。反作用就发生在此。

交易盘整

波动法则告诉你应当对盘整进行测量，它们能按长度来分类。其中能找到一些有用的长度数值。接下来，交替法则会告诉你盘整之后是趋势。

因为盈利性交易要求价格运动强烈到有利可图，因此，作用和反作用就从这里进入。长期盘整产生长期趋势。因此，你应当像托德·沃伦一样更青睐长期盘整。

通过平衡法则我们知道，当盘整在持续时，就需要等待。而通过动态不平衡法则我们知道只有当盘整平衡被破坏且市场处于不稳定状态时，你才能进入市场。这就是突破点，它告诉你长期趋势可能正在形成。

通过惯性定律我们知道盘整会持续到它中断。更重要的是，它告诉你在盘整期间不要进入市场，因为它可能会持续非常长的时间，一直到有外力破坏其平衡状态。

总之，所有的法则都告诉你需要等待，要等到盘整停止，也就是在趋势和盘整阶段——尤其是幅度很大的话——要等待市场发出让你进入的信号。例如，如果市场暂时是在水平面，区间突破就随时可能发生。为了能买进，你现在必须等到突破发生。

交易转折点

转折点交易像盘整一样。所有的市场法则都以几乎相同的方式应用。反转点有数量，这个你能发现，它是应用了波动法则。它们持续多长以及它们有多少顶和底都是关键问题，测量这些数字，就使你能选择最适合你交易系统的反转点功能。

作用和反作用定律告诉你强烈的长期趋势都有强而长的反转点。记住一点：反转点是一个运动结束处的盘整。不同之处是它自己出现，作为一个顶或底。

交替法则告诉你，在趋势之后，盘整或反转点会成形。

平衡法则告诉你，在反转点，市场暂时处于一个平衡或摇摆不定的状态。这就是为什么你不能在反转点开始或中间处交易，而只能在形成后进行交易。

已经学完了主要市场和交易规则或原理，以及它们怎样应用到每一个市场交易阶段，现在我们学点更专业的，精确解释一下在哪里入场或出场。

精确的买入点和卖出点

基本市场结构和其组成元素——反转点、三合线和波段——展示了一个精确且独特的买入点和卖出点。入场和出场总是在一个三合线之内执行。

每一个波段都包含在两个三合线之间，该三合线就是波段的反转点。波段可能简单或复杂，它可能是一个小的或非常大的运动。这并没有关系，你总会找到两个三合线，其中一个在开始处，一个在结束处。

因为三合线是市场的自然反转点，因此在三合线的收盘 K 线处开始交易。新运动已经在最后的收盘图中开始了，它是随之而来的运动的起源。在该点采取行动不仅使你跟随新方向的机会最大化，还使你的风险最小化。

三合线在价格运动的起步阶段，此时交易风险最小。当你在三合线最后一根 K 线的收盘价处入场交易时，把止损点设置为三合线中心 K 线的最高（低）点。当然，当你在三合线后交易时，可以把入场点设置为三合线形成之后的下一根 K 线的开盘价处。同样，也可以把止损点设置为该三合线之前的高点或低点。这后一种方法仅仅是某种调整，我们的交易入场和止损还是以第一种方法为主。

必须强调，你的买进点和卖出点都是市场本身所给出的。三合线的第三根 K 线一般跟随新的市场方向的可能性大。

同样的入场法则可应用于简单和复杂三合线，我们总是在三合线的最后一根 K 线处以收盘价交易。在上升三合线的最后一根 K 线的收盘价处买进，在下降三合线的最后一根 K 线的收盘价处卖出。

现在，做一个图表，确定 25 个三合线。数一下每一个三合线所跟随新方向的次数。在往下读之前做到这点：作为下一步的练习，将所有一般市场原理都应用到你已经观察到的三合线走势中。

期望的结果

如果你已经做了前面的练习，你就已经证实了三合线的运行方式，你甚至可能发现一些有趣的事情。你已经体验到了拥有一个精确且独特的入场和出场法则的优势，而这些法则不需要去做优化。三合线就是三合线，你做什么都不能改变它，即使你想改变它也不行。

我们也注意入场点和出场点是不可改变的。三合线只有等到最后一根 K 线收盘才是三合线。因此，如果你使用三合线作为入场点或出场点，那你就什么都做不了，但是可以在收盘处的 K 线处进入，如果从实际的原因考虑，你可以在下一根 K 线的开盘时进入，也可以等待收盘 K 线。你不仅不能优化三合线，也不能做任何事情来改变入场点或出场点。这也是不可能被优化的。

这就导致了一个结果，那就是不管你在交易三合线的基本市场结构方法之内使用什么交易系统或方法，你都必须找到一个三合线。这是市场本性对你的约束。只有你想在被市场结构所确定的最小反转点和最小风险点处开始一个交易的时候，它才成为约束。但是，那个看起来像是一个约束的东西其实正在回归自由。

当找到了你的三合线时，你就找到了开始交易的适当位置，这是建立在总是相同的市场结构之上的位置，它确定了逆转并产生了反转点，三合线在约束你的时候就在帮你思考，你不用过多担心精确入场点或出场点，不用管市场处在什么状态。

利用三合线来进入市场总是在前面运动的结束时，在下一个运动的开始时。你的进入也总是跟随着最低程度反转的市场之后。这样来说，你的进入就总是在反转点附近。靠近反转点就是尽可能靠近新运动的起始点，就尽可能靠近止损点，如果出现问题了，就能以最小风险退出来。

这就要求我们来考虑一下三合线交易失败的情况了。你肯定也已经观察到了，如果你已经做了前面的练习，那么当三合线在最后一根 K 线处收盘之后，市场偶尔在下一根 K 线处反转，而不会在三合线所指示的方向上继续。这种情况下，并不是三合线失败，而是我们的交易。三合线确实反转了，只是反转没有持续。

这种情况总会出现，这是不可避免的。但是，市场经常会按照三合线所发出的信号去运行，这是交易的优势。不管其原因是什么，大多数三合线确实都在起作用。

三合线方法是一个工具箱，它有许多适用于市场本身的简单工具。它们能用许多方法来使用，其使用方法之多简直令人惊讶，如果说它的方法有限的话，那只是因为你想象力的限制。接下来我们学一学怎样使用它们。

第6章　极为关键的买进和卖出模式

等待模式

选择交易的市场阶段

三种市场阶段——趋势化阶段、盘整阶段与转折点阶段——均可以运用三合线交易系统。每个阶段有不同的交易方法。第一步，你需要确定你在哪个市场阶段开始交易。

趋势阶段交易意味着当趋势在发展时，就投入到其中。

盘整阶段交易是指在盘整区间的高压力位与支撑位交易，以及在突破位置交易。

转折点交易是交易反转，往往在顶部或底部，比如在牛市或熊市中交易一个大级别的反转。

1. 趋势。辨别在一年内发生的趋势及其持续时间和价格幅度。然后，辨别持续少于一年和多于一年的趋势。这会让你对主要波段的持续时间和价格幅度有个了解。在日图、周图和月图中观察它们。从月图开始，然后周线图日线图。也要观察重要趋势间的时间间隔，并识别发生在该趋势之内的价格盘整期。

2. 价格盘整期。辨别持续时间少于一年和多于一年的价格盘整期。

3. 转折点。检测所有发生在观察期间的单顶、双重顶和三重顶。

注意到它们的价格幅度，以及在反转发生之前它们会持续多长时间。

一旦你学习了这三个市场阶段，你就必须选择其中一个来为你的交易系统做准备。选择是交易短期、中期还是长期趋势、反转点或价格盘整期。

等待就绪

在确定了你要交易什么之后，你就必须等待你打算交易的阶段。这要求学会等待，在时机到来之前绝不要采取行动。这个等待的时间可能很长，也可能短暂。如果你是交易短期趋势的话，你就会在一年期间等来一些机会，那等待时间就不会长久。但是，长期牛市或熊市都可能需要相当长的时间，它们的转向点都要花一些时间来建立。

不择时机的交易一直都是亏本生意。在开始交易之前，你必须彻底确定和检测你的交易方法。这期间不做任何交易。在确定交易策略、战术和方法的时候，许多看起来不错的机会都会放弃，而你必须任由它们失去，这也是你训练的一部分。

总之，当你在组建交易系统、策略和战术的时候，必然是不能去交易的。你要花时间来研究市场并改善系统。

在继续讲述之前，我还想警告一下关于一个特别危险的市场阶段。

死亡隧道

死亡隧道发生在盘整阶段，该阶段很可能造成一个交易者的死亡。如你在盘整阶段结束之前买进，那你无疑是在损失时间和金钱，而这些本可以被用于更好的交易之中。盘整阶段也是非常摇摆不定的，浪费在其中的时间并不足以抵挡风险。倒是待在价格盘整期之外更好些。

漫长的水平价格盘整期极为危险。对一个交易者来说，它就如进入一条万物都处于假死状态的隧道。任何事都不会发生，但风险会随着时间的发展而提高，这也是漫长的水平价格期被称为"死亡隧道"的原因。

你不仅要避免市场中没必要的风险和浪费时间，也要去提高交易利润。突破交易是价格盘整期的真正积极的交易方法。要等候价格盘整期结束，并等待价格开始新的运动。但是你得警惕虚假突破。

虚假突破经常发生，大多数没经验的交易者在盘整期的突破点买入或卖出，以此看到了交易的失败。可以使用基本市场结构来避免虚假突破。本章的后面你会看到，基本市场结构使你能够以盘整期的突破价来买进或卖出，而新运动有很大的可能性已经正式开始了。

真实突破背后的原理是，新的市场运动已经使用了盘整阶段的累积盈利而真正开始。原平衡被破坏，新趋势正在发展之中。运用该原理就意味着只有当趋势（价格平稳期导致了它破坏其平衡）已经开始之时，才以盘整期突破价去买进。这就是说尽量晚点买进，而不是提早。不要在突破一发生就去买，而要让它先发展一段时间。

买进模式

买进入场点

入场点总是在三合线最后一根 K 线的收盘处。在上升趋势之中，应当在三合线中最后一根 K 线收盘价处买进，也可以在最后一根 K 线之后，下一根 K 线开盘价处买入。除此之外，再无其他买入点。在所有情况中都是如此。（图 6-1）。

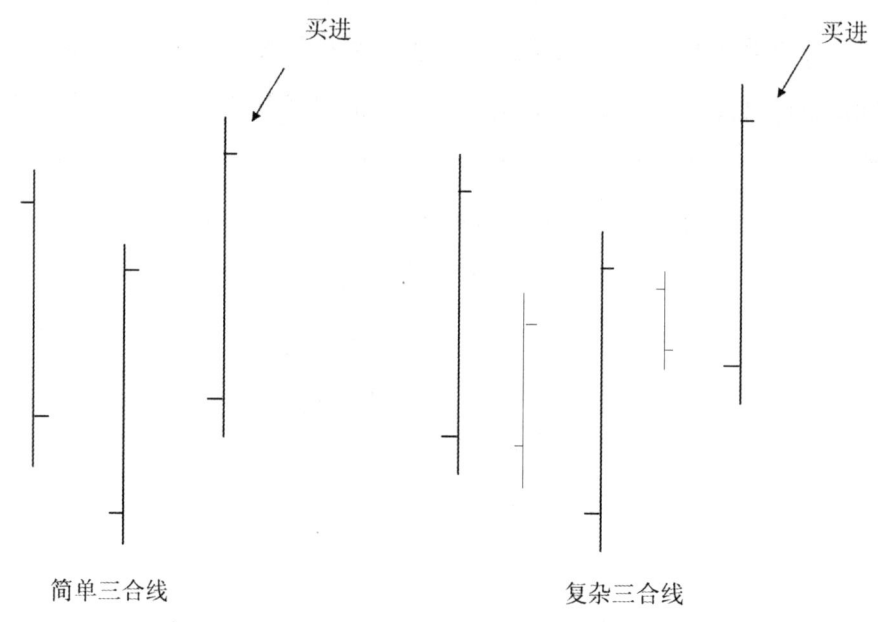

图 6-1 作为买进入场点的三合线

这成为一个自然入市点的原因是它自身属于基本市场结构。三合线方法所做的一切就是将已经存在的东西明确表达，那些东西其实已经存在于市场中。它作为一个自然入市点而存在于市场中的原因是三合线确定了反转点，该反转点是波段的自然反转点。

只有当三合线是完整的时候，波段才是完整的，且在它的最后一个反转点处结束。这就意味着三合线暗示了市场已经完全反转，这是通过确定前面一个波段的结束反转点和新波段的起始反转点来实现的。

该三合线的完成是在第三根 K 线（本书所有讲到第三根 K 线均是针对简单三合线而言，如果是复合三合线，则是最后一根 K 线）处，特别是在第三根 K 线的收盘处。在第三根 K 线收盘之前，波段没有以反转点结束，反转还不存在。在第三个三合线 K 线的收盘处，有三件事情发生：

第6章 极为关键的买进和卖出模式

1. 之前的波段被确定。

2. 新反转点标注了前面波段结束，新的相反波段诞生。

3. 就在那一瞬间反转是完整的，不是在那之前，也不是在那之后，恰好就是在那一刻。

这使得三合线的第三根K线的收盘价成为在反转点之后的第一个唯一自然的入市点。任何其他的入场处都会太早或太晚。三合线第三根K线的收盘价是自然且完美的入场点。这个自然入场点被市场本身所创造。它隐含在自己的行为和结构之中。这就是为什么你必须总是要在一个上升三合线的第三根K线的收盘价买进。

既然已经拥有了入场点，你就该知道买入方法，这些就是以最低风险买进的条件，并且胜算很大。有四个主要的买入方法，我们来一个个测试。

上涨反转

当市场到达底部然后反转，再开始一个能发展成上升趋势的上升运动时，上涨反转才发生。要让上涨反转发生并有发展成上升趋势的可能性，你至少需要一个在底部之上的更高的新的低点，以及两个向上抬高的高点。这是指在前面下降运动的底部反转点之后，市场反转并创建一个较高的低点和两个连贯的较高高点。这就是趋势反转的条件。从理论上说，新的较高的低点不会和底部反转点的K线重叠。

只要这些条件满足了，你就会在下一个上升三合线的第三根K线的收盘处买进（图6-2和图6-3）。当作为你买进点的上升三合线是完整的且你买进时，一个新的低反转点就出现了。这个最新产生的上升运动就有了两个较高的低点和两个较高的高点，它们形成了一个平行四边形。在这个新的向上运动中的波段数量是4个。你的买入点紧跟着第二个较高高点之后到来，并跟随在市场反转之后，随着三合线的第三根K线的完成，产生了又一个较高的低点。

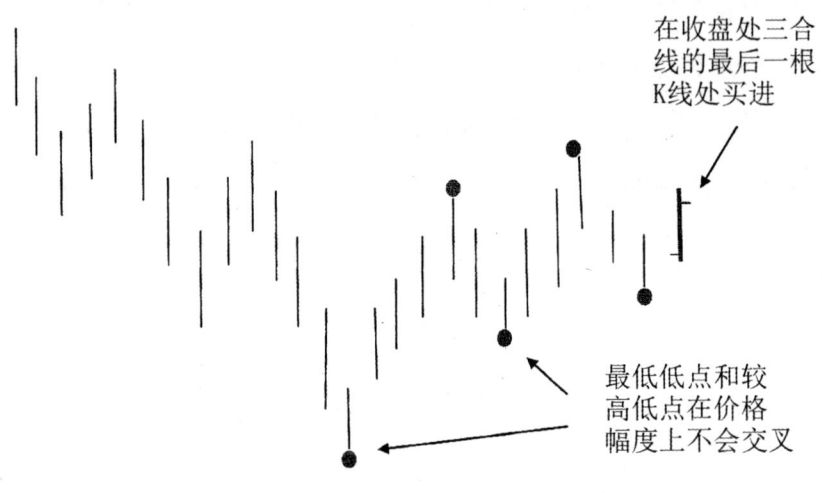

图 6-2　上涨反转买进

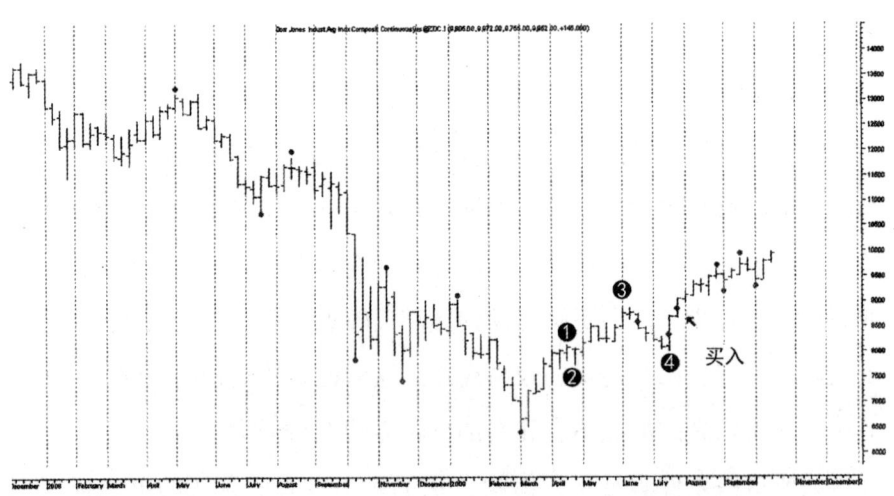

图 6-3　道·琼斯平均工业指数综指（周线）

图 6-3 中，有一个向上反转方法的案例。一旦拥有了一个较高低点，就是图中的反转点 2 和两个较高高点，也就是反转点 1 和 3，那么我们就会在三合线（该三合线的反转点在 4 处创建了第二个较高低点）的收盘价处买进。

第6章 极为关键的买进和卖出模式

在建立反转点和波段的过程中你看到了三合线。基本市场结构展示了它的内部构造。在这里三合线已经做到的就是确定了一个最小数量的合成波段，换句话说，也就是趋势。只要在上升趋势的情况之下，市场继续制造更高的持续高点和更高的持续低点，那么该趋势就会持续。

就如前面所提到的，这些反转点，不管是高还是低，都是由那些充当市场微型工程师的三合线建立的。在进入一个上升反转点之前，你要等到三合线已经完成了建立一个微型趋势，那才是你的入市点。你不要在一个简单的上升波段中进入，这太早，也不要在三合线已经过度发展时进入，那就太晚了。当上升运动最终变成了一个趋势的时候，才是精确的入市点。

你不会知道你的新趋势是否是短暂的。然而，至少你知道你是在一个趋势之中，并知道你就在它诞生的那一刻买进了。当然，这只是一个能使你去买入一个新趋势的买进方法。我们必须要牢记市场规则，如，作用与反作用定律、交替规则和不平衡规则等。这些规则会确定买进方法的质量和力量。这就是你必须确定前面的下降波段类型的原因，该波段产生了上升趋势，也就是指持续时间和时间范围。所有这些都对新波段的产生起到了影响。

因此，在使用该买进方法之前，要学习一下该波段以及它们的时间和价格幅度，然后选择波段的时间和价格幅度的平均值，再对其测试。在按市场行为行动之前，总要去学习和研究它，并给你自己证明一个能真正起作用的原理或规则，它们会节省你的时间和金钱。

现在讲解第二个买进方法。

下降趋势反转点的突破

一段下降趋势反转，价格向上运动，突破了前期下降趋势的一个波段高点，然后回调，形成一个新的上升三合线，此时相对于反转开始的绝对底部而言，形成了一个抬高了的低点，此时可以买入。

你以三合线（该三合线创建了新的较高的低价）的第三根 K 线处的收盘价买进（图 6-4 及图 6-5）。你又一次获得两个较高的高点和一个较高低点。这同前面所说方法的不同之处是一个高点属于先前的下降运动，而另一个高点属于现在的上升运动。

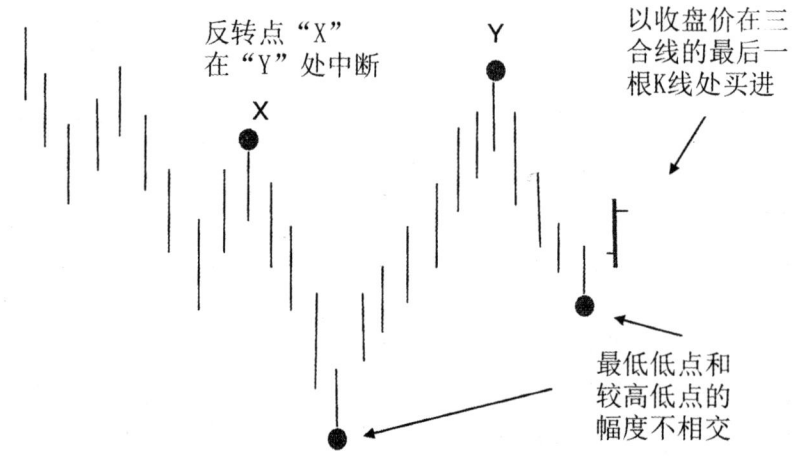

图 6-4 买进下降趋势反转点的突破

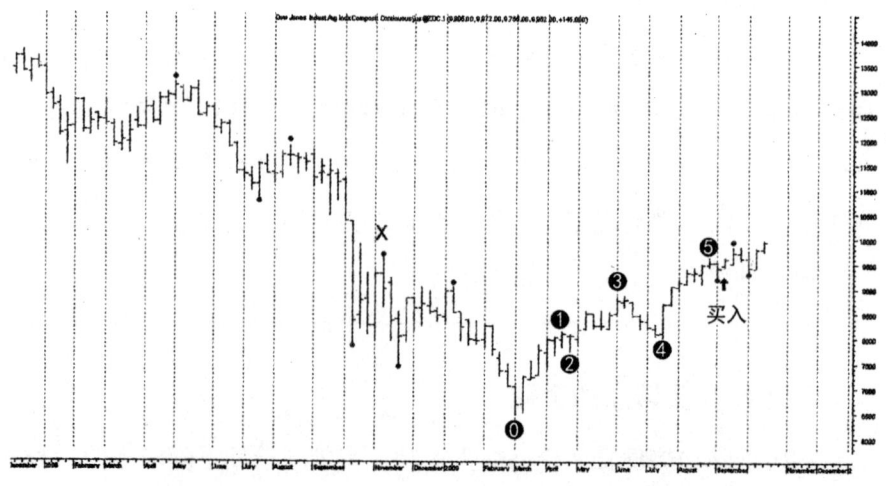

图 6-5 道·琼斯工业平均指数综指（周线）

第6章 极为关键的买进和卖出模式

图6-5显示了下降趋势反转点突破方法。一旦X在5处被破坏，我们就会以上升三合线的收盘价买进。注意到那些已经就位的三个较高高点和两个较高低点。它们又一次确定了新的上升趋势。

这种买入方法的原理是，前一个反转点（它是一个阻力点）的突破意味着一股新的力量已经进入市场。这股新力量不仅能阻止下降趋势，还能去反转它。

这第二个买入方法可以与前文的第一种买入方法相结合，即增加一个条件，在突破下降趋势的一个高点回调后，等待一个新的高点出现。这个加强的条件使你能够避免在突破之后经历复杂回调波段的风险，即当你买进调整后的第一个三合线，市场在再次开始新的趋势之前仍然能进一步下跌。

下降趋势的前高是强力的压力位，反转运动突破该高点后，会引发强力的反作用力，这个反作用力虽不足以抵消反转，但却会大概率地造成复杂的多段回调波段。

这也就是为什么不在该高点被突破之后的第一个调整型三合线处买入，而是等待新趋势产生一个更高的高点和更高的低点的原因。该低点的三合线（该三合线产生了较高低点）的第三根K线的收盘处就是你的入场点。

这里再次告诉你，不要在没有进行研究的情况下，草率地在前期趋势的高点被突破时买进。不是所有的反转点都相同，在下降趋势中，有些反转点比其他的更强大。这就是为什么必须要对高点的大小进行分类和研究。这个研究会使你能够选择在趋势中看起来最可能像一个突破和持续变化的反转点。

这里，学习市场并辨别该买入方法运行的最好条件再次成为必须要做的事情。为此，在不同的时间尺度之内（每日、每周和每月）测试该方法。从月线图表开始，再到周线图表和日线图表。用下降趋势的不同幅度和持续时间以及它们最后的重大高点的突破来进行试验。一旦你做到了这点，你就能辨别时间和价格幅度以及时间窗口，并能测试建立在该方法之上的交易场景。

在该突破交易中，突破的点位越重要，其突破就越有意义，作用和反作用力是互成比例的。有效突破是指有效运动，仔细思索它，将其证明，并保持测试和实验。

现在，来确定一下第三个买入方法：单底、双重底或三重底。

单底、双重底或三重底

这是你最重要的买入方法之一。只要它完全形成，即三合线出现，你就会在单底、双重底或三重底买入。你会像往常一样在三合线收盘处的第三根 K 线处买进，因为这是适用于所有情况的一般性买进方法。每一种低价买进都有其不同的方法，我们就从单底来开始讲解。

其实任何一个底都可以被认为是单一的，但是在这儿，我们所说的单底是指在它所处的价位上找不到其他的底部。

你所有买进的单底是上升趋势之内的那个底部。上升趋势是由交替循环着的上升和下降波段所组成的，它们形成了连续的较高高点和较高的低点。趋势之中的这些较高的低点就是你通常用来交易的单底。在第一个买进方法——反转中，你是买进了一个单底，在第二个方法——反转点的突破中，情况也是如此。在突破交易中，你等待着高点之后的调整和三合线，该三合线是调整的反转点，它是通过创建新的反转点来得到的，而该反转点组成了你正在买进的单底。

在持续的运动期间，单底使你能在任何时候进入一个趋势。你总是以建立了底部的三合线的第三根K线处的收盘价买进（见图6-6）。这些单底是因为市场力量的存在而被创建的。价格要上涨，趋势要存在，因此，你需要一股没被用完的力量。

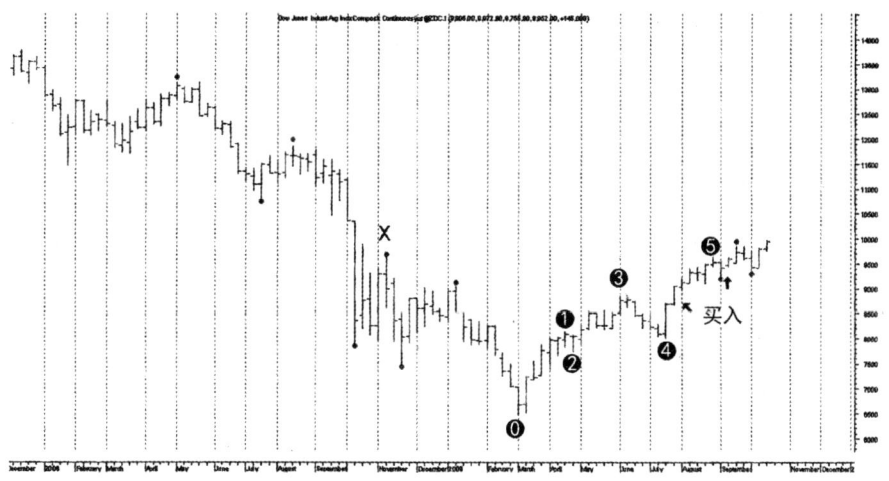

图6-6　道·琼斯平均工业指数综指（周线）

图6-6中，我们买进一个单底，它将下降趋势反转成一个新的趋势。我们拥有两个买入点。只要向上反转方法就绪（第一个箭头）或者在反转突破方法中（第二个箭头），我们就可以买进。观察一下，在这种情况之下，第一个三合线反转高点（它破坏了前期下降运动的反转点）是怎样出现在5中的，并是怎样破坏了反转点X。

不平衡法则在驱使着市场去寻找新的平衡点，该平衡点就是相反本性的一股反向力量。只要该力量不出现，那么因为惯性定律的原因，该趋势就必然会继续。这些不平衡法则和惯性定律就隐藏在较高单底的背后。因为还没达到平衡，甚至瞬间平衡也没有，所以底部就不可能在同一水平之上，尽管价位不同，但都是在上升中。也因为没有反向力量来创建平衡点，所以该趋势就必须要继续。因此，其反作用力创建了越来越高的连贯的底部。

根据基本市场结构，这些单底是在趋势交易的基础之中，被不平衡法则和惯性定律所驱使的三合线创建了越来越高的反转点，这就使得在一个趋势之内拥有了低风险的买入点。

这种单底有一个例外：它单独出现于极为不稳定的市场之中，并且不完全在一个趋势之内。某些市场比如猪腩市场就能看见这种情况，有时候单底不在一个趋势之内。这些独立的单底并不如上升趋势中的上升波段底部那般强烈。

双重底比单底要牢靠得多。双重底可以出现在趋势之内，也可以单独出现。当趋势停止了一会儿，在重新开始上升之前进行盘整时，趋势之内的双重底就出现了。趋势之内的双重底为最低风险进入一个不断运行的趋势提供了一个极好的方法。在这里，去测量其他的趋势并从双重底的盘整区域去确定一个目标非常重要。

在市场创建新的底部之时不应当买进双重底，但是在创建了该底部之后，当它重新开始其行程时，就应当去买进。这儿，你要去等待一个三合线的自我完整，以便于三合线能创建一个底部。然后，你就以第三根K线处的收盘价去买进或以创建了底部的上升三合线第二天的开盘价买进（图6-7和图6-8）。

买进双重底的第二种方法是等待盘整被突破。这种情况下，你在第一个与盘整区间不重叠的三合线处买入。你在第三根也就是最后一根K线中，以收盘价买进（见图6-9）。这第二种方法是最安全的。

第 6 章 极为关键的买进和卖出模式

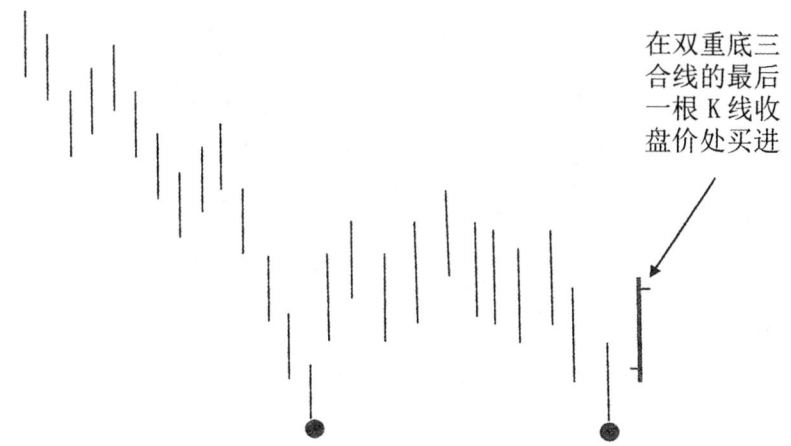

图 6-7 用三合线买进双重底

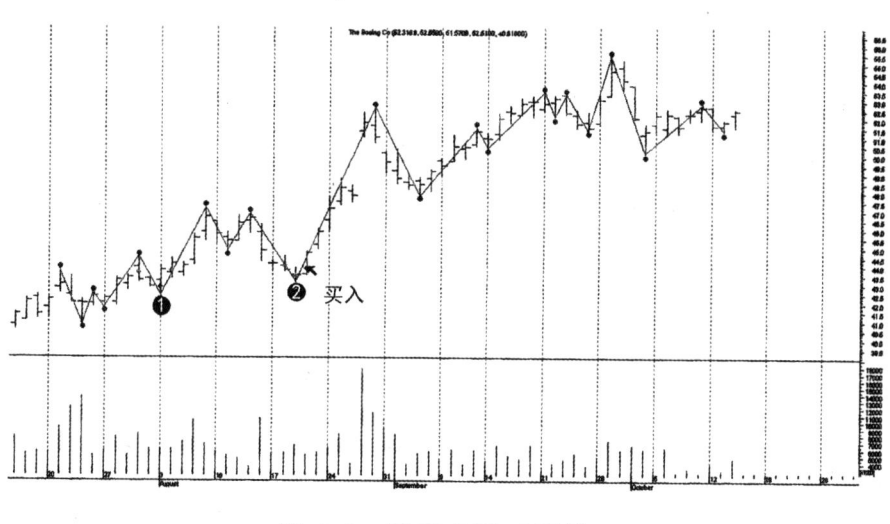

图 6-8 波音公司（日线）

如图 6-8，在一个上升趋势之内，我们拥有一个双重底。我们以上升三合线（它的低点决定了双重底）的收盘价买进。股价上涨，并且该趋势会继续。

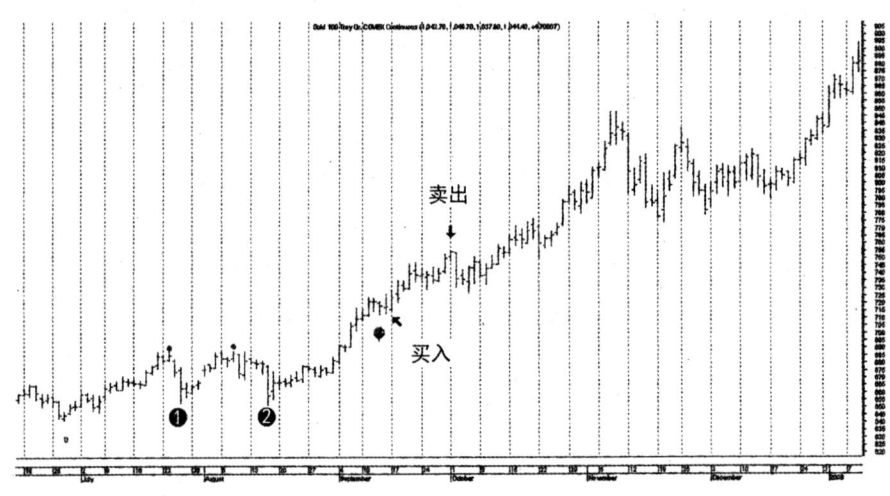

图 6-9 金百福 纽约商品交易所 续图（日图）

如图6-9，在上升趋势之内，我们有一个双重底。我们以第一个上升三合线的收盘价买进，该三合线是出现在双重底盘整范围被突破之后。

最强劲的底是三重底结构。它们是最安全的，带来的风险也是最小的（在解释关于股票交易的第二条规则时，江恩解释了为什么三重底或三重顶是最强大的。关于三重顶或三重底，他说："这通常是买进或卖出最安全之处，因为市场从三重顶或三重底离开后运动得更快。"——编者注）。它们可以采用与买入双重底的相同方法精确地买入。你在完成三重底的三合线的第三根K线收盘价处买入。（见图6-10）

第6章 极为关键的买进和卖出模式

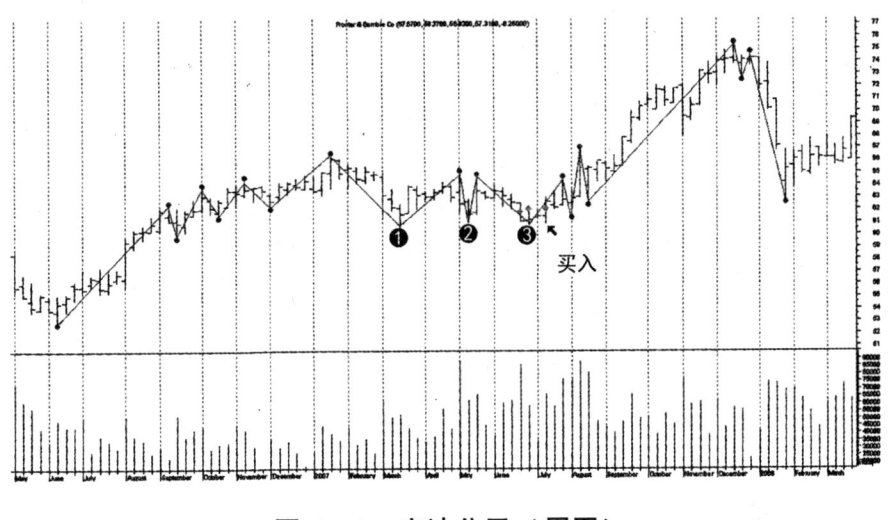

图6-10 宝洁公司（周图）

如图6-10，只要三重底被三合线低位反转点确定，我们就马上以收盘价买进第三个底的上升三合线。

三重底的第二个买点是在三重底形成后，第一个处于盘整区间之上的三合线。同样是在第三根K线收盘价或下一根K线的开盘价处买入。

双重底和三重底要么独立发生，要么发生在趋势之内。它们是进入上升趋势或进入新趋势的安全方法。

买进单底、双重底和三重底的另一个安全的方法，也是最后的方法之一，就是将前面提到过的所有方法结合起来使用。这最好地证实了一个可能性：新趋势正在运行之中。这样的话，只要市场向上反转了，或者出现了反转点突破，或者两者同时发生了，那你就可以去买进新的单底、双重底或三重底。这创建了一个非常强大的买入点（见图6-11）。

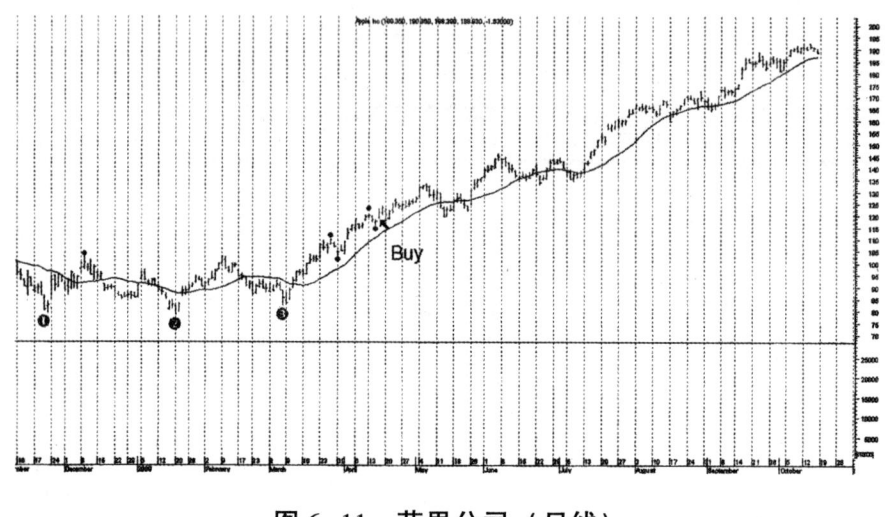

图 6-11　苹果公司（日线）

图 6-11，我们以平常的方式在价格穿越 20 日均线时买进。不同之处在于，当价格上穿均线时，我们在入场前先"询问"市场结构。

在该交易之中，上穿发生在第一个底之后。移动平均线仍然在下跌。我们必须等待它以一种确切的方式朝着上涨的方向反转。这只有在第三个底出现之后才会发生。一旦平均线向上反转，我们就等待下降趋势反转点突破和上涨反转。该下降趋势的反转点是第一个底和第二个底之间的高点。

该反转点的突破，即出现两个较高高点以及较高低点，只在第三个底之后才会发生。一旦上升三合线再次创建了一个较高低点，我们就马上买进。像往常一样，我们以三合线的最后一根 K 线的收盘价买进。在出现了买进信号之后，大盘会继续上涨几个月。

双重底或三重底显示了强大的买入支持。上升反转暗示了一股新力量已经足以创建一个新的趋势。高点突破证明了更加强大的新力量。

这三个因素结合在一起建立了一个稳定的结构，它用一种独特的方法证明了新趋势。现在，我们要讨论一下已经成为支撑力的阻力——也就是我们的第四个方法——应当怎样用于交易。

已成为了支撑的阻力位

另一个方法，也是一个经典的方法，是在支撑位和阻力位买进。有两个主要的方法来买进已经成为支撑的阻力位。第一个方法就是买进在相同趋势之内成为新底部的前期顶部。第二个方法是买进已经变成新底部的前期顶部，不过，它们不是在相同的趋势之内。现在我们来逐个检测。

买进已经成为支撑的阻力位的第一个方法就是等待上升趋势之内的高位反转点形成，该反转点会比前期的要高。只要新的高点形成，就会有调整跟随，它通常会在前期的高点附近结束。在该趋势之内，一个创建了单底的新的较高的低点就会出现。因为市场在已经成为过去阻力的最后一个高点附近结束了下降调整，所以产生了该单底。

前期的阻力，也就是现在的支撑，会在一个上升趋势之内阻止任何向下的调整。它成为买进和进入新趋势的安全点。如往常一般，你在创建了新的较高低点的三合线的第三根 K 线收盘价处买进，而它在趋势再次开始之前就在测试前期阻力（见图 6-12 和图 6-13）。测试前期阻力是指市场想了解是否所有的出售都是由前期的阻力（也就是现在新的支撑）所吸引过来的，如果是如此的话，该趋势就会持续上升。

你决不会预先知道新趋势会导致什么，也不会知道前期阻力（它现在成了新的支撑）的测试是否会成功。这就是你在三合线的收盘价或下一根 K 线开盘价买进的原因。理由是，只要三合线位置适当，那么在前期高点附近新支撑的测试就获得了成功。你要记住，你并不想去预期什么，而是想要进入那些已经开始了的运动之中，而三合线恰好能确保你做到这一点。

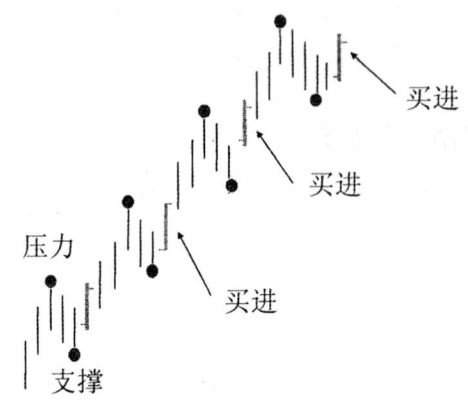

图 6-12 一个趋势之内,在已经成为新支撑的旧阻力位买进

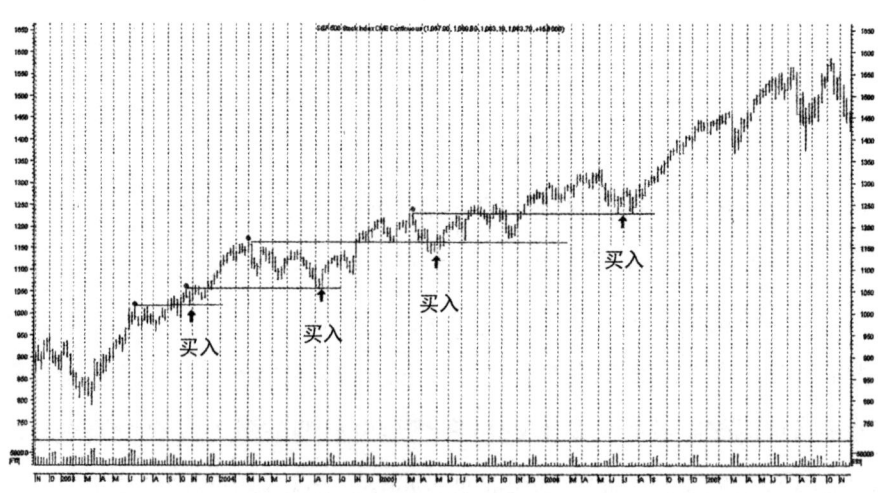

图 6-13 标准普尔 500 股指 芝加哥商业交易所 续表(周图)

图 6-13 告诉我们怎样去买进现在已经成为支撑的阻力。在该上升趋势之中,只要一个顶点被破坏和超越,且市场返回到了调整期,我们就马上买进它。该调整可能在之前那个顶点的支撑层面上停止,或者稍稍穿过顶点。

在已成为新支撑的旧阻力位买进的第二种方法就是在旧顶点附近买

进，该旧顶点已成为新的底部，但与之不在同一趋势之内。如果是在图表之中，你就会看到有多少旧的顶部（它们有时是在几年前被创建的）变成了新的底部，恰恰就是在该底部，市场有了停止的趋势。这时买进的方法是相同的，不过附带了一个警告：在已经成为新支撑的旧阻力位买进并不是最安全的方法。如果你只是买进市场调整至这个旧底部之后出现的第一个三合线，那么一切都错了。

问题就在于，旧底部的价位并不是都由相同的支撑力形成的。因此，尽管说市场总会在旧的阻力顶部附近找到支撑，但困难之处就在于是在哪个顶点附近。打个比方，在熊市之中，市场在某个前期顶部附近找到平衡之前，它会跌破许多前期的底部。

只要市场在一个旧顶部附近结束下降，那么单底、双重底或三重底就会形成。你须等到它们中有一个或多个形成，然后，可以去购买。如果是单底，你就要等到向上反转，并等待高点突破发生，然后，才能如往常一般在结束了调整运动的三合线处买入，从而创建一个较高的底部反转点。你就在上升三合线第三根 K 线处的收盘价买进（见图 6-6）。当双重底或三重底在旧顶部（也就是现在的新支撑）附近形成之后再买进的话，你就要按照我们在前面已经解释过了的关于该底部交易的方法（见图 6-8 和图 6-10）。

关于买进方法要谨记这句话：所有的方法都以一种独特的技巧结合在一起。每一个都完美填补和适合市场结构之内的特殊空间。这是因为它们是建立在市场逻辑之上的，而市场逻辑又是建立在反转点、波段和三合线之上，这就使你能够拥有确定的参数，而不是互相矛盾和冲突的参数，就如交易方法一样。这是因为你的方法本身就是市场结构。这也就是它们填补、适合和能完全结合的原因。

这就使得你的交易必定更加安全和彻底。向上反转完全适合前期的高位反转突破和底部，而已经变成了支撑的底部是向上反转运动的组成部分,当该反转运动在持续且在形成支撑的时候,它正在破坏高位反转点。因此,正如它们自成整体并确认其内部逻辑一般,所有这些元素都为你的交易添加了有效性和稳健性。不过,它其实不是针对我们这些交易者的,而是针对那个正在为我们交易的市场。三合线和基本市场结构所做的一切都教会我们怎样去跟随市场的意愿。

我们已经学习了买进模式,对我们所有的买进方法来说,唯一的买入点都是在上升三合线的收盘价或在其之后的下一根K线开盘价。现在,我们来确定一下三合线方法常用的主要卖出方法。这些模式就是我们买进模式的反转。我们来检测一下它们。

卖出模式

入场点

入场点总是规定为三合线的最后一根K线的收盘价。在下降趋势中,在下降三合线的最后一根K线处以收盘价卖出。你也能在这最后一根K线之后的下一根K线处以开盘价售出。除此之外,再无其他的卖出点,所有情况都是如此。你在下降三合线最后一根K线的收盘处卖出。下降三合线可能是简单或复杂,你可以在任何一个首先到来的三合线处卖出(图6-14)。

利用下降三合线的第三根K线处的卖出点,你就可以在任何市场阶段或模式之下进行交易。三合线给予你一个能用于各种交易的独特卖出点。这使得选择一个卖出或卖空入市点更简单。除此之外,它还迫使你去寻找不加优化的入市点。要在任何市场阶段去交易,你就必须具备辨别这个独特的卖出点的能力。它永远都是相同的,且一直存在,不会出现其他的情况。

说这是一个自然卖出点的理由是,它是被基本市场结构本身所确定

第6章 极为关键的买进和卖出模式

的。三合线的方法所做的就是将已经存在于市场中的东西有效表达出来。它作为自然入市点而存在于市场中的原因是三合线确定了作为波段的自然反转点。

只有当三合线完整时,波段才是完整的,并在最后一个反转点处结束。这是指,三合线暗示了市场已经完全反转,这是通过确定前期波段的最后一个反转点和新波段的起始反转点来实现的。

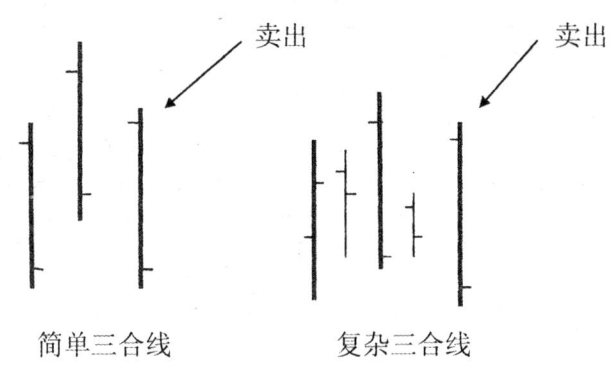

图6-14 作为卖点的三合线

三合线是在第三根K线处完成,更精确地说是在第三根K线的收盘处。在第三根K线收盘之前,该波段还没有形成反转点而结束,反转也还不存在。在三合线第三根K线的收盘处,有三种情况发生:

1. 前期波段被确定。
2. 新的反转点表明了前期波段结束以及新的反向波段诞生。
3. 反转恰恰就在那一刻完成。不在那之前,也不在那之后。

这使得下降三合线的第三根K线的收盘价成为在确定下降趋势的反转点之后唯一的第一个自然卖点。其他任何卖点要么太早,要么太晚。这个自然卖点是被市场本身所创建的,它是由自己的行为和结构所显现出来的。这就是为什么你必须总是要在下降三合线第三根K线的收盘处卖出。

既然你拥有了卖出点，你就需要了解卖出方法，也就是为了以最低的风险卖出来获取利益而需要满足的条件。主要有四个卖出方法，现在我们来逐一学习。

下跌反转

当市场创建了一个顶部，进行自我反转，然后一个能发展成下降趋势的下降运动就开始了。因为下降趋势反转要发生，并有可能发展成一个下降趋势，这就至少需要一个位于顶部反转点之下的新的较低高点和前期的低点之下的低点。这也就是说，在前期的上升运动的顶部反转点之后，市场反转了，并创建了一个较低的高点和两个连续的较低低点。这就是趋势反转所需要的条件。理想状态是，新的较低高点的K线不会与顶部反转点的K线重叠。

只要这些条件满足了，你就在下一个下降三合线第三根K线的收盘处卖出（见图6-15和图6-16）。当这个下降三合线，也就是卖出点完整且你也卖出了的时候，一个新的高位反转点就已经出现了。新形成的下降运动就拥有了两个较低高点和两个较低低点，这就形成了一个平行四边形。

在这个新的下降运动中有四个波段。你的短期卖出点跟随着来自于第二个较低低点的反向波段，并且市场反转，随着三合线的第三根K线完成，又一个较低的高点产生了。

在这儿，你看到了建立了反转点和波段的三合线。基本市场结构显示了其内部结构和内部逻辑。三合线在这儿所做的就是确定一个最小的复合波段，或者换句话也叫做趋势。

简单波段并不是趋势。它们组合起来就形成了一个趋势，在下降趋势中，只要市场继续创造较低连续高点和较低连续低点，该趋势就会

第6章 极为关键的买进和卖出模式

持续。

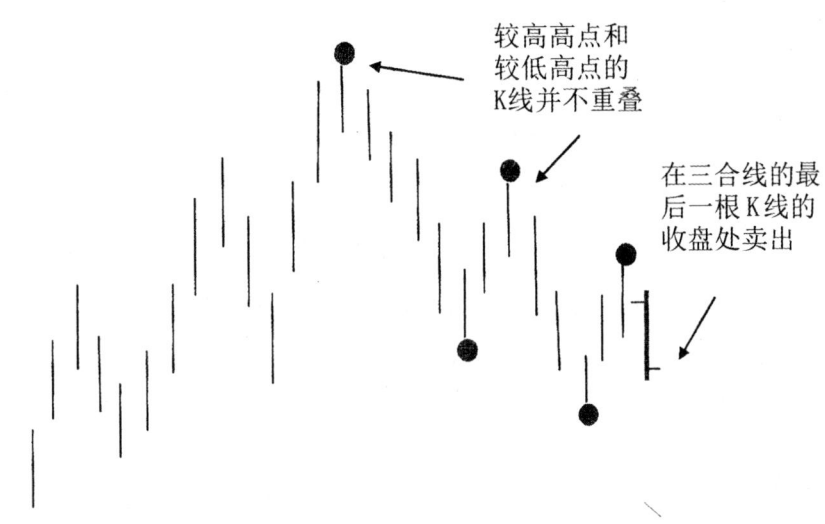

图6-15 下降趋势反转：卖空方法

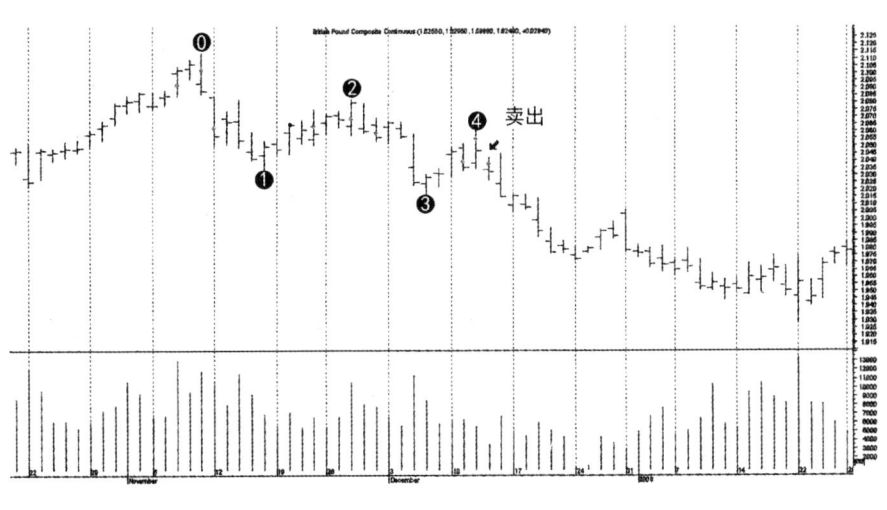

图6-16 英镑综指 续图（日图）

图6-16中，我们卖空向下反转。只要两个较低低点和一个较低高

点都就位了，且第二个较低高点出现，我们就要做好卖出的准备。

我们以收盘价卖出那个确定了第二个较低高点的下降三合线。指数继续下跌。

由多重波段组成的最小趋势要求一个高点和低点，高点比前期波段的高点要低，低点低于新下降运动的前期低点。在另一个较低高点确认了下降趋势即将到来并生效之后，你就随之进入市场。当该趋势已经到来，这个最小的条件得到满足时，你就随之进入。就像前面所提到的一样，高反转点和低反转点都是由充当市场微型工程师的三合线所建造的。它们的活动建立了波段和三合线，并使用它们创建了多样化的阶段和模式。

要想进入一个下降反转点，你就要等到三合线已经建立一个微型趋势，那才是你的卖点。当波段已经过度发展的时候，你就不要过早或太晚进入一个简单下降波段。你的卖点恰恰就是在下降运动最终变成了趋势之时。虽然你不知道你的新趋势是否短暂，至少你要知道你是处于趋势之中，并要知道你恰在它诞生那一刻已经卖出，不早也不晚。

当然，这只是一个卖出方法，它使你能够卖空一个新的趋势。你必须警惕，不要只按照所有这些方法来办事。首先记住，要重视市场规则，例如，作用和反作用定律、交替法则和不平衡法则。这些法则将确定卖出方法的质量和力量。因此你必须确定前期上升趋势的类型，该上升趋势会带来一个下降趋势，不管它的价格范围和时间范围怎样。所有这些都会对要诞生的新趋势产生作用。

因此，在使用该卖出方法之前，你必须观察波段以及它们的时间和价格范围。然后选择平均时间和价格范围的波段并对其进行测试。在按照市场行为采取行动之前总要去研究它。这会节省你的时间和金钱。

现在，来解释一下我们的第二个卖出方法。

第6章 极为关键的买进和卖出模式

上升趋势反转点的突破

当前期上升趋势的一个低点被跌破时卖出。你在市场已经反转且新的下降趋势的运动已经破坏了上升波段的前期低点之后，就卖出。你的卖出点又是一个下降三合线，它是位于价格反转跌破前期上升趋势低点之后，反弹形成的一个次高点。

你在已经创建了新的较低高点三合线的第三根K线的收盘处卖出（图6-17和图6-18）。你又一次拥有了两个较低低点和一个较低高点。同前面所提到方法的不同之处是一个低点属于前期运动，而其他的低点属于新的下降运动。

证明你的卖出起作用的原理是，前期低点被突破（它是一个强烈的支撑点）意味着一股新的力量已经进入了市场。这股新力量能够阻止上升趋势并反转它。这就是说，这股新的力量要强于之前那股力量。

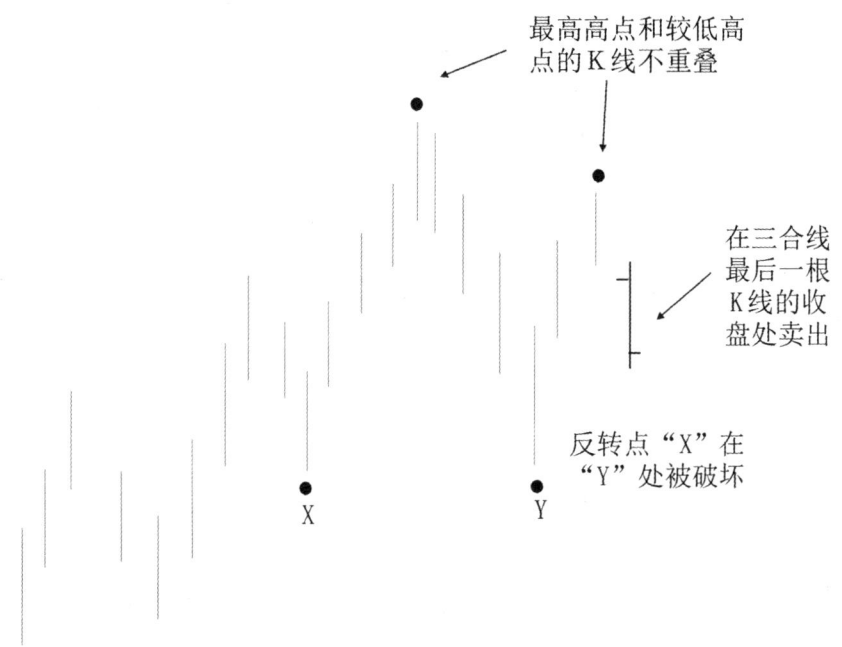

图6-17　上升趋势反转点的突破：卖空方法

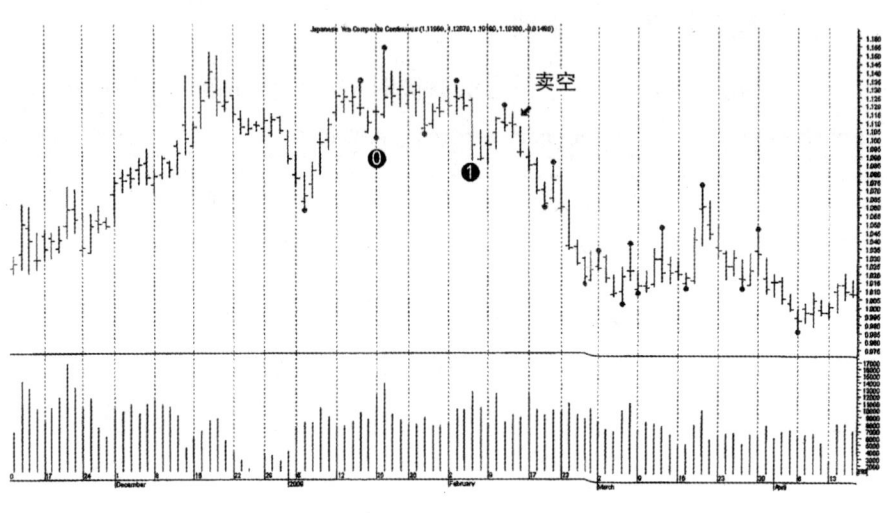

图 6-18　日元综指（日线）

图 6-18 中，我们在上升趋势反转点被突破后卖空。只要该上升趋势反转点 0 在 1 处被突破，我们就等待下一个下降三合线的到来，并在收盘的 K 线处卖出。

第二个卖出方法可以与另一个卖出方法相结合，即增加一个条件，在跌破上升趋势的一个低点反弹后，等待一个新的更低的低点出现。这个加强的条件使你能避免在突破之后经历一个复合波段的风险，即当你在调整之后卖空了第一个三合线，而市场在继续下跌之前仍会上升一点。

上升趋势的前低是强力的支撑位，反转运动跌破该低点后，会引发强力的反作用力，这个反作用力虽不足以抵消反转，但也将测试前面的突破。

这也是为什么不在该低点被跌破之后的第一个调整型三合线处卖出，而要等待下降趋势继续，由此来形成再一个较低低点和连续的较低高点。那时，该较低高点位置的三合线（该三合线产生了这个较低的高位反转点）第三根 K 线的收盘处就是卖点。

第6章 极为关键的买进和卖出模式

这里再次告诉你，不要在没学习的情况之下草率在前期趋势的低点被突破时卖出。不是所有的反转点都相同，上升趋势中的一些反转点要比其他的强烈。

比如，上升趋势中，由多个波段复合的较宽幅度较长时间的回调低点，就比一个简单波段的低点要重要。

必须研究市场并识别满足该方法运行的最好条件。要做这些，需要在不同时间窗口（日线、周线和月线）之内进行测试。从月线图开始，再由此去测试周线图和日线图。对上升趋势的不同长度和持续时间以及最后的重要低点的突破试验。一旦你如此做了，你就能辨别时间和价格范围以及时间窗口，并能测量建立在该方法之上的交易情景。

对反转点的突破而言，反转点越重要，它的突破就越有意义。作用和反作用互成比例。

现在我们来确定第三个卖出方法——单顶、双重顶或三重顶。

单顶、双重顶或三重顶

这是一个最重要的卖出方法。只要三合线在形态完成时一出现，你就马上卖空单顶、双重或三重顶。同往常一样，你会以三合线的第三根K线的收盘价卖出，因为这是适用于所有情况的一般性卖出方法。每一个顶部的卖出都有不同的方法。我们以单一顶部开始。

任何一个顶部都可能被认为是单一的，但这里的单顶就是没有"伙伴"的顶，在这里，在相同的阻力线上，找不到任何其他的顶部。

你将要卖出的单顶就是在下降趋势之内的顶部。下降趋势是由相互交替的上升和下降波段所组成的，它们形成连续的较低低点和较低高点。在趋势之内的这些较低高点就是你通常会去交易的单顶。在你的第一个方法，也就是下降反转中，你在卖出一个单顶。在你的第二个方法，反转点的突破情况也是如此。至于第二个方法，你就要等待低点被突破之后的反弹和作为反弹结束点的三合线,这是通过创建一个组成了你正在卖出的单顶的新的反转点来达到的。

单顶使你能在运动继续期间在任何时候进入。你总是在组建了顶点的三合线的第三根 K 线的收盘处卖出(见图 6-19)。这些单顶是由存在着的市场力量所创建的。要使价格下降和趋势存在,你需要一股没被用尽的力量。

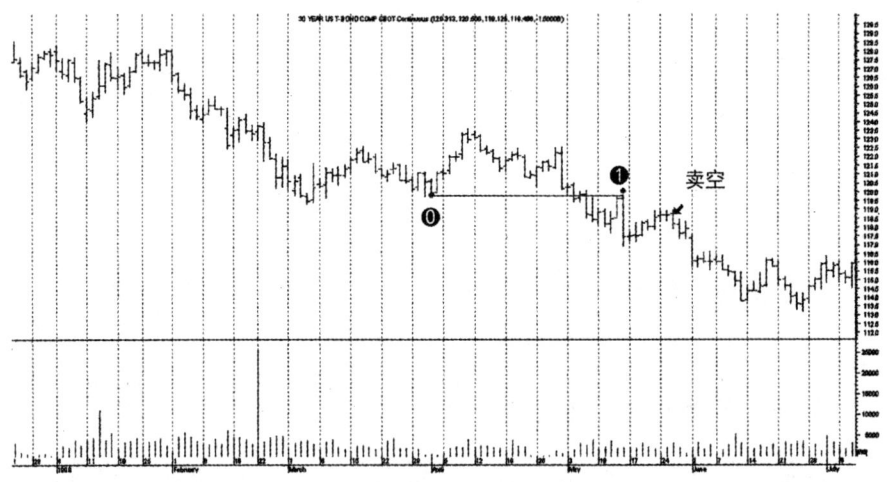

图 6-19　30 年期美国长期国库券综指 芝加哥交易所(日线)

在图 6-19 中,只要顶点 1 在阻力层面 0 处形成了,我们就在下一个下降三合线(它的反转点创造了一个单顶)中以收盘价卖出。指数迅速下跌。

不平衡法则推动着市场去追寻新的平衡点,该平衡点是反方向上的反向力量。只要该力量不出现,趋势就必然会继续,这就是惯性定律。该不平衡法则和惯性定律隐藏在低位单顶之后。因为不存在平衡,甚至是短暂的平衡也不存在,所以顶部就不可能在同一水平线上,而是在下降的价位上。又因为没有相反力量来创建平衡点,所以趋势就必须继续，因此它的反作用力就创建了越来越低的连续的顶部。

根据基本市场结构，这些单顶是在趋势交易的形成期间。被不平衡法则和惯性定律所驱使，三合线创建了越来越低的反转点，这就给予你趋势之内低风险的卖空点。

关于单顶有一个例外，就是那种单独出现在非常不稳定的市场中，并且不完全在一个趋势之内。这是一些市场的情况，例如猪腩期货，这个市场的单顶有时不在趋势。这些孤立的单顶不如在下降趋势里出现的向下振荡的顶部强劲。

双重顶比单顶可靠得多。双重顶可能在趋势中发生也可能孤立出现。双重顶在趋势重新开始下降之前的静止和自我强化的一段时间内发生。双重顶在趋势中发生，提供了一条进入持续趋势的最小风险的好方法。从双重顶盘整区域中去测量其他趋势和计算一个目标是很重要的。

当市场形成一个新的顶部时不要卖空，而是要等市场完成双顶后再卖空。这儿，你要等待一个三合线创建一个高位反转点。你卖空了下降三合线，在它第三根K线的收盘时或在下一天的开盘时（图6-20和图6-21）。

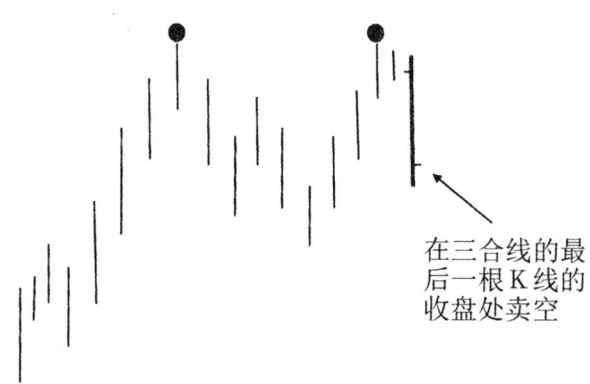

图6-20　利用三合线卖空双重顶

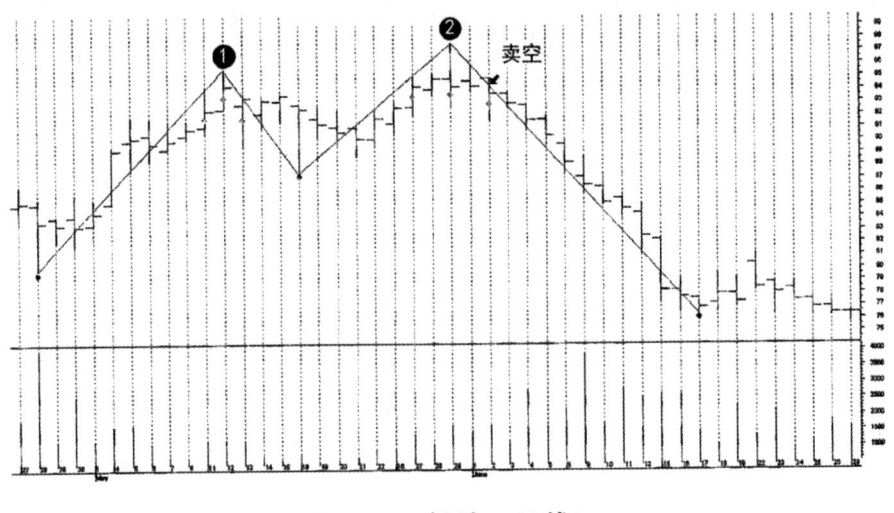

图 6-21　橙汁（日线）

在图 6-21 中，我们在复合三合线收盘 K 线处卖空双重顶，而该三合线确定了它的第二个高位反转点。价格迅速下跌。

卖空双重顶的第二个方法就是等待盘整被跌破。在该情况下，你在第一个与盘整区间不重叠的三合线处卖出。你在第三根 K 线的收盘处卖出。第二个方法更为安全。

最强大的顶是三重顶，它们最为安全。卖出方法与双重顶所使用的完全相同。你在趋于完整的第三根 K 线的收盘处卖空三重顶（见图 6-22）。

第6章 极为关键的买进和卖出模式

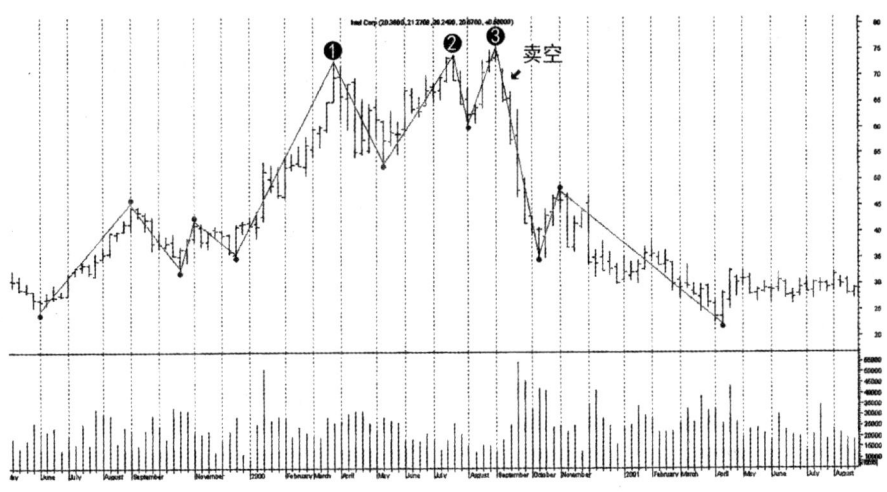

图 6-22 英特尔公司（周线）

在图 6-22 中英特尔公司的周图中，我们拥有了一个三重顶。我们在简单三合线（它的反转点确定了第三个顶）第三根 K 线处以收盘价卖出。我们总是以收盘价卖出或以下一根 K 线开盘价处卖出。

三重顶的第二个卖点是在三重顶形成之后，第一个处于盘整区间之下的三合线。你总是在三合线的第三根 K 线收盘处或在下一根 K 线的开盘处卖出。

双重和三重顶要么单独发生，要么发生在趋势之内。它们为进入下跌趋势提供了一个安全的方法。

卖出单顶、双重顶或三重顶的另一个安全的方法，也是最好的方法之一，是通过结合前面所有的方法来实现的。这就极大地证明了新趋势是在行进之中（见图 6-23 和图 6-24）。这样的话，只要市场向下反转了，或出现了反转点突破，或两者同时发生，你就可以卖空新的单顶、双重或三重顶。这创建了一个非常强烈的卖出点。理由是基本市场结构随着三合线创建了一系列结构，在它诞生和完成之时，该结构就确定了新的下降趋势。

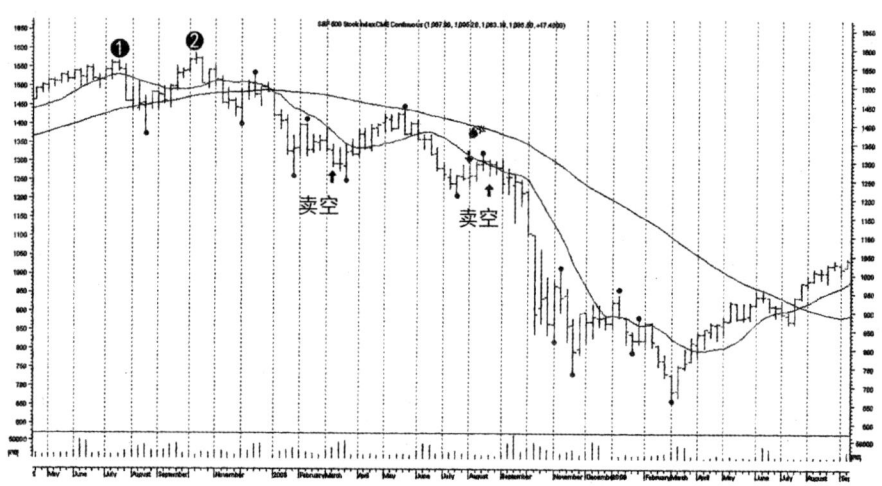

图 6-23　标准普尔 500 股指综指（周线）

在图 6-23 标准普尔走势图中，我们在 12 周均线下穿 48 周均线时卖空。我们等待移动平均线下穿，也等待下跌反转。我们卖出第一个下降三合线，它在两个较低低点就位之后创造了第二个较低高点。

第二个卖出信号在一个低位反转点之后到来，它低于前两个反转点，也低于两条均线。在这最后一个低点之后的第二个下降三合线处卖空。大盘下跌。

第6章 极为关键的买进和卖出模式

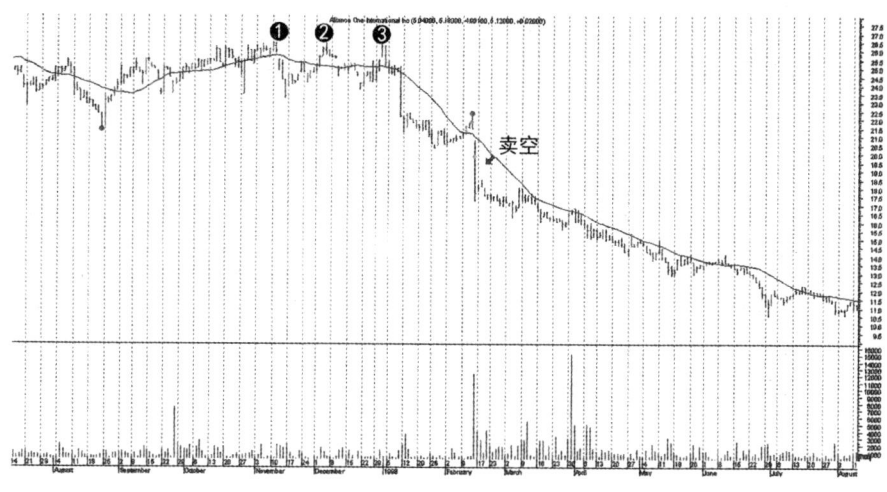

图6-24 联一国际（日线）

在图6-24案例中，我们在价格趋势上穿20日均线时卖空。这里，我们要求移动平均线清楚地向下，并有能给我们帮忙的市场结构。

移动平均线向下，上升趋势反转点已经被破坏，而三重顶已就位。只要价格上穿移动平均线，我们就马上卖出下降三合线（它在均线之下收盘），这表明了下降趋势的恢复。价格下跌会持续几个月。

现在，我们要讨论一下已经变成了阻力的支撑（也就是我们的第四个卖空方法）应当怎样被用于交易中。

已经成为了阻力的支撑位

在成为了阻力的支撑位上卖出有两个主要的方法。第一个方法是卖空在相同趋势之内已经变成了新顶部的旧底部。第二个方法是卖空已经变成了新顶部的旧底部，但它们不在相同趋势之内。我们来逐一解释一下：

在已经成为阻力的支撑位卖出的第一个方法就是在下降趋势之内等

待一个低于先前低点的反转点。在该新的低点之后，反弹随之而来，它经常在先前低点附近结束。由此会在先前低点（它是先前的支撑）附近形成一个单顶。

这个前期支撑也就是现在的阻力，会阻止在下降趋势之内的任何一个反弹上升。它成为了卖空和进入新趋势的安全位置。如平常一般，你在三合线的第三根K线的收盘处卖空，该三合线创建了新的较低的高点，这就在趋势重新开始之前检测现在已经成为了阻力的旧支撑（图6-25和图6-26）。

检测先前的支撑意味着市场想知道是否所有的买入都会在旧支撑（也就是现在的新阻力）的水平上结束。如果情况如此，该趋势就会继续下降。你从不会预先知道新趋势将会怎样，也不会知道对旧支撑的测试是否会成功。这就是你要在三合线的收盘处或在下一根K线的开盘处卖空的原因。

这个原因是，一旦三合线处在了适当的位置，在先前低点附近的阻力测试就已经成功了，至少在最低程度上可以这么说。你必须记住一点：你并不想预测，你只是在那个正在进行着的运动之中。三合线就帮你做到了这一点。

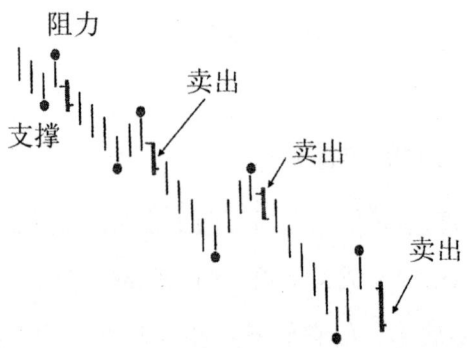

图6-25　在下降趋势之内旧的支撑已成为新的阻力

第6章 极为关键的买进和卖出模式

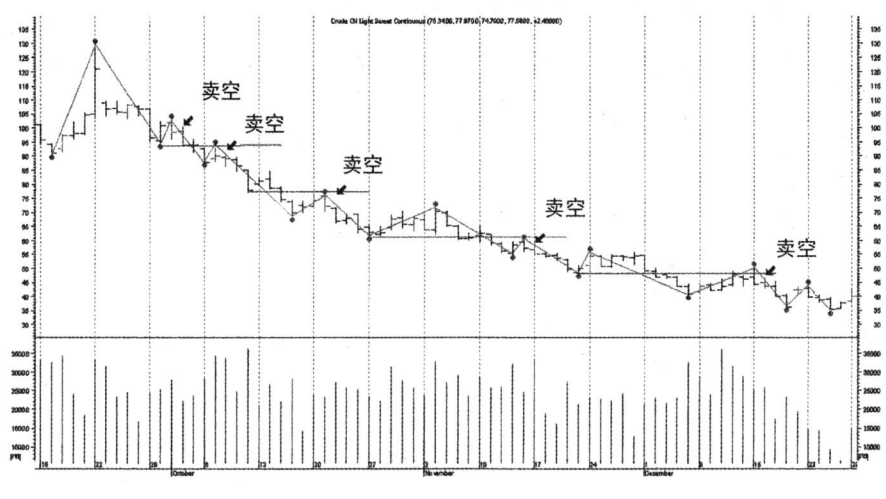

图 6-26 低硫原油期货（日线）

图 6-26 在该下降趋势之内，只要前一个三合线的底部反转点被向下突破，成为了阻力，那么该市场就会向上调整，返回到这个底部，那这时，我们就能卖出已经出现了的第一个下降三合线。市场必须停止在这个阻力点或往上稍微超过一点。

在旧支撑位卖出的第二种方法就是，在已经变成了新顶部的旧底部附近卖出，它们不是在相同的趋势之内。如果你是在检测一个图表，你就会看到有许多几年前创建了底部变成了新的顶部（市场就是在这里趋向于停止）。

卖出的方式是相同的，不过要附带个说明：在前期支撑位卖空并不是最安全的。如果你只是简单地在第一个三合线卖空，那么一切都可能出错。这儿的问题是旧底部不是都有相同的支撑力。因此，尽管说"市场总是会在旧支撑底点附近受到阻力"这句话是正确的，但是要想知道是在哪一个支撑点附近却很难。

前面所讲到过的方法可以再一次帮助我们。你要等到市场选择了旧底部作为它的新阻力，并要让市场去证明旧底部是它的新阻力。要做到这点，就要结合前面所讲到的所有的方法。

只要市场在一个旧底部附近（而不用管它是在其之上还是在其之下）停止了上涨，那么单顶、双重顶或三重顶就会形成。你要等到它们中的一个或多个形成之后才去卖空。如果是单顶，你就要等到下降趋势的反转和低位反转突破发生。当三合线创建了一个较低的高点，你在下降三合线最后一根K线的收盘处卖空。

关于卖出方法有一点要注意：所有的方法都是以一种独特的技巧结合在一起的。每一个都填补市场结构之内的一个特殊的空隙，并与之完全吻合。因为它们是建立在市场逻辑之上的，而市场逻辑又是建立在反转点、波段和三合线之上的。这样，你就能获得确定了作为交易方法的参数，而不会互相冲突，因为你的方法本身就是市场结构。

其实，真正在交易的人并不是你，而是市场在为你交易。三合线和基本市场结构教会了我们怎样遵循市场的意愿。你已经学过卖出模式了，对所有的卖出方法来说，唯一的卖出点是在下降三合线的收盘处或在其之后的下一根K线开盘处。

所有这些卖出模式都是我们前面讲到过的买进模式的反转。

现在，我们要转变观点，来解释一种波段交易的方法。

第7章 三合线交易波段

算术测量手段

基于直觉的波段交易技巧

在这里我们介绍一种基于三合线的波段交易技巧。这个技巧随时可用，不论是一天数次，还是每天或者每周。我比较喜欢在每天或每周的图表中使用。

波段交易是一门科学，也是一门艺术，它是指利用短期的市场波段套取小额利润。老手经常凭着直觉进行这种交易。直觉不是没有道理的行为。成功老手有非常好的直觉，这种直觉是长期以来对市场波段的研究和实践所产生的对市场的微妙了解。他们熟知市场的波段，能够察觉波段所揭示的规律和趋向。他们的成功有赖于一种算术的本能和直觉。数字是这些交易者手中的钥匙，他们不需要图表。

你可以按照以下这些步骤获得对市场涨跌的领悟。

首先确定市场阶段

运用月、周、日线图表，确定你所面对的市场阶段。此时或许是盘整，或许是趋势，或许是转折点。初步确定后，你就要选出在这种情况下可能的个案。把它们标记下来，留待以后研究。

你需要在趋势、盘整和转折各阶段积累你所选择的数据库。该数据库必须从月、周和日线图表反复研究得到。先从月开始，然后逐渐把时间段缩短。

这种从上至下的分析包括不同的时间段，这样你才能做系统研究。以便熟悉你所选的市场和市场波段。

该研究从现在返回到过去，你要做的第一件事是测量某种趋势、盘整和转折的价格波段范围和持续时间。在盘整时，要测量价格的最高点到最低点之间的幅度。上涨的趋势要从它的最低点量到最高点。下降的趋势则要从最高点量到最低点。

转折点也用同样的方法进行测量。对价格和时间范围进行测量，我们提议每种情况下最少有八个案例，逐渐增加到二十五个。完成这些测量之后，你就可以继续下一步了。

测量一种情况下的所有波段

现在，为了收集趋势、盘整和反转点，你需要测量每个时间段内的波段——每月、每周、每天的都要测量。这些价格和时间的波段记录要汇总到一个表格中，然后开始采集数据。

以下每种情况和各个时间段的数据要登记到你的表格里。

1. 日期；
2. 收盘价；
3. K线数量；
4. 每种情况中波段的正常交易价格点数的变化；
5. 每种情况中波段的点数变化率；
6. 日历天数：每种波段从开始到结束的时长。

把向上波段的价格和百分比记为正。把向下波段的变化和百分比记为负（见图7-1和图7-2）。

这样，你马上就能看到每种情况下每个波段的净值，反映价格和时间的数字。

此外你对数字的感觉会敏锐起来，头脑中会形成很多数字规律。有些数字比较类似，你会明白这一堆看似无意义的数码实际上意味着什么。这种对数字的感觉，也就是在一堆数字里发现规律的能力，与你所用的图表相比，有独特的作用。直接通过眼睛观察就能了解市场的几何图像。

对数字的认识与对几何图形的认识不同，通过关键数字的正负值，显示市场意义，数字展示出不同层次的内在联系和节奏。这些数字使你能够通过单纯的数字在波段的股市中进行交易。数字的魔力能充分展现出来。而表格就是认识数字的节奏和暗码的工具。

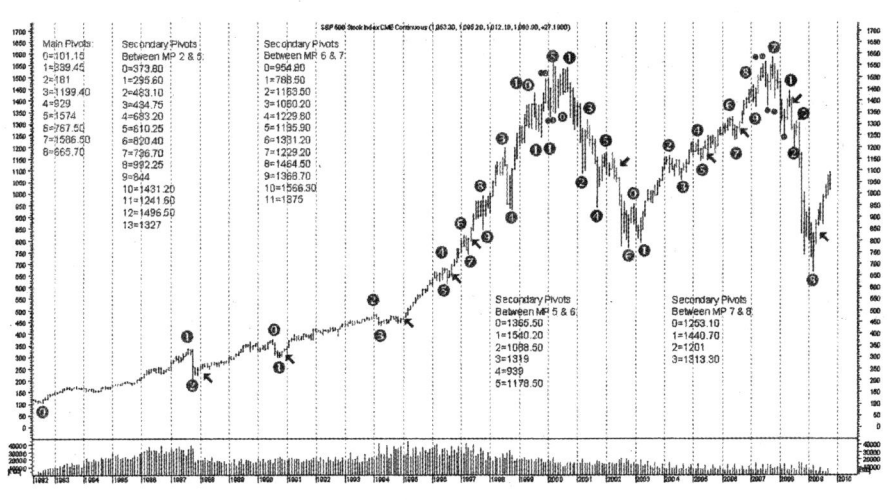

图7-1　标准普尔500股指（月线）

图7-1中，我们使用三合线所确定的波段测量来交易标准普尔500股指的主要波浪。我们从1982年开始确定主要反转点。每一个主要反转高点和低点都是被三合线所确定的。一旦这些反转点被确定了，我们就创建了一个电子表格。

观察这个表格，我们可以辨别每一个主要波段的长度。1987 年的破产持续了三个月，市场亏损了总价值的 46.67%。2000 到 2002 年的熊市持续了 33 个月，亏损了总价值的 51.23%。开始于 2007 年 10 月的熊市持续了 18 个月，亏损了总价值的 58%。

表 7-1　波段测量

三合线波浪表					
标准普尔 500 股指芝加哥商业交易所		主要反转点			
日期	三合线反转点	K 线的数量	增值点	增值%	日历时间（月）
1982.8.9 星期一	101，15				
1987.8.25 星期二	339，45	61	238，3	235，59	61
1987.10.20 星期二	181	3	−158，45	(46，67)	3
1998.7.20 星期一	1199，4	130	1018，4	562，65	130
1998.10.8 星期四	929	4	−270，4	(22，54)	4
2000.3.24 星期五	1574	18	645	69，42	18
2002.10.10 星期四	767，5	33	−806，5	(51，23)	33
2007.10.11 星期四	1586	61	818，5	106，64	61
2009.3.6 星期五	665，7	18	−920，3	(58.02)	18

你能观察到持续时间为 61 个月的两个运动，持续时间为 18 个月的两个运动，持续时间为 3 个月的一个运动和持续时间为 4 个月的一个运动。我们发现大多数这些运动都有大约 2 个点的比率。从 20 左右到 30 左右到 60 左右到 120 左右，或更精确地说，从 18 到 33 到 61 到 130。

至于下跌运动，它们接近于 −20%、−50% 和 −60% 的价值。它们的实际价值分别是 −22.54%、−46.57%、−51.23% 和 −58.02%。向上

第7章 三合线交易波段

运动接近于70%、100%、200%和600%的价值。

有了这个信息，我们就选择了主要波段来买进。我们选择46.67%修正作为我们的主要波段。这就是指，只要47%的市场修正给出一个或带走一个百分点，我们就会寻找一个买进大盘的机会。

为了找到这个机会，我们会依赖于市场结构。该机会在2009年3月自己出现了。这时市场下跌，它损失的比我们主要波段所损失的还多。反转点8就是市场亏损其总价值58%后的低价。上升月图三合线表明进入点就在那里。

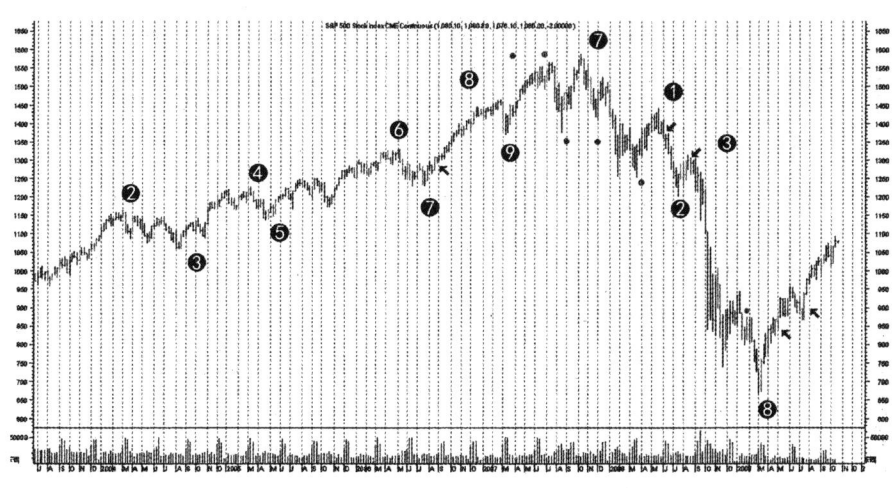

图7-2 标准普尔500股指综指（周线）

标准普尔500在调整了主要波段之后，在反转点8处止损，并反转。然后，下降趋势的最后一个高位反转点被突破，只要该反转点被破坏，大盘就会调整几个点，并"创作"一个上升三合线。

周三合线是在最后一根K线处以收盘价买进的。大盘继续上升。就在我写这些文字的时候，标普仍处于上升趋势之中！

找出最大波段

首先要做的是在所收集的各种波段中找出最大波段。你会得到一系列价格波段和价格波段的最大波段，也会有一系列时间波段和时间波段的最大波段。这种最大波段显示的是某个阶段中要研究的市场的强烈程度。每个阶段都有一个最大波段。这个波段有很多用处。

这个最大波段值可以用来设置止损。也许，这并不是最佳选择，关键是看它的频率和幅度。也许一个比最大波段小些的波段有同样的作用。只要测量，你就能找出答案。无论如何操作，在设置止损时，永远要把最大波段考虑进去。

除了设置止损，最大波段的另一个用途是找出足够大的波动区间，让你能够冒较小的市场风险而去获利。等待出现一波最大波段数值的调整之后买入或卖空是最佳方案。因为市场很少改变波动率，而调整幅度显著超过最大波段值则在概率上讲可能性较小，这样买入和卖出比较安全。

你知道了最大波段后，就该做下一步了。

找到最小波段

最小波段和最大波段相反，是一系列波段中最小的。这个最小波段也有它的意义和作用。最小波段告诉你最小的股市变化，当许多最小波段连续发生时，你会知道重大变化不远了。这种变化可能是阶段性变化。

理论上说，最小波段不应当用于止损。如果你这么做了，市场会轻易拿走你的利润。利用最小波段的最大好处是在趋势中确定头寸。

通常趋势中小的回调和之后强力的反转回原趋势，表明进入交易是安全的。这时你需要仔细研究这个趋势中小波段的次数。最小波段的确立必须在反复发生之后，趋势显示出确实要继续下去。

最小波段和最大波段只是参照。因为大多数波段都会接近最小或最大。对交易真正有用的波段应当足够大，才能从中获利。

因此，我们需要了解波段的另一方面。

找出主波段

主波段是最重要的波段，这是一个特别的波段，我称之为有意义的波段。因为一个阶段中，不是所有的波段都有意义。当研究一个阶段和其中的波段时，你必须能够识别它们不同的含义以及重要程度。研究表明，你能做到这些的。一些波段比另一些重要。

有些波段接近最大波段，有些波段则接近最小波段。你应当从接近最大的那些波段中找出主波段。有意义的波段必须满足两个条件。

第一个条件是足够大，尽可能接近你所在的趋势、盘整或转折中的最大幅度。主波段比其他波段振幅大，频率小。主波段越长，越有价值。理想的长度是最大波段的条件之一。可是，还需要满足第二个条件。

第二个条件是它必须重复，这样才能开始交易。如果最大波段太大，它几乎不会在波段中重复。那么在最大波段中进行交易是不实际的。你需要一个足够大的接近最大波段的波段。但又不是那么大，以至于会重复，使你能够交易。重复的次数越多，越有利。识别走势中足够重复的波段，进行交易获利。要知道这一点，你必须记录能够做交易的主要波段的次数（见图7-3）。

一旦找出主波段，你就有了决定变化率的关键数字，可以根据它来完成自己的目标，也就有了在波段中交易的实际操作工具。这个方法能让你获得低风险的交易点。低风险时主波段足够大。这样，你在市场校正最大时进入买卖，其最大值是根据变化率判断的。

获利的可能性也基于同样的原因。因为这种波段尽可能大，主波段的价格幅度也足够大，能够获得相当的利润。这让你也能够尽可能的在接近低谷或是峰顶时退出。

之所以可以这样，是因为作用和反作用的关系。主波段是关键变化的数字。你的所有交易依据的是一个特定的变化率，这个变化率会使主波段消失。

一旦掌握了主波段，就有了一个重要数字，一把使你了解与自己交易目标相对应的市场振动率，以及风险回报率的钥匙。现在你要了解如何使用手中的钥匙了。

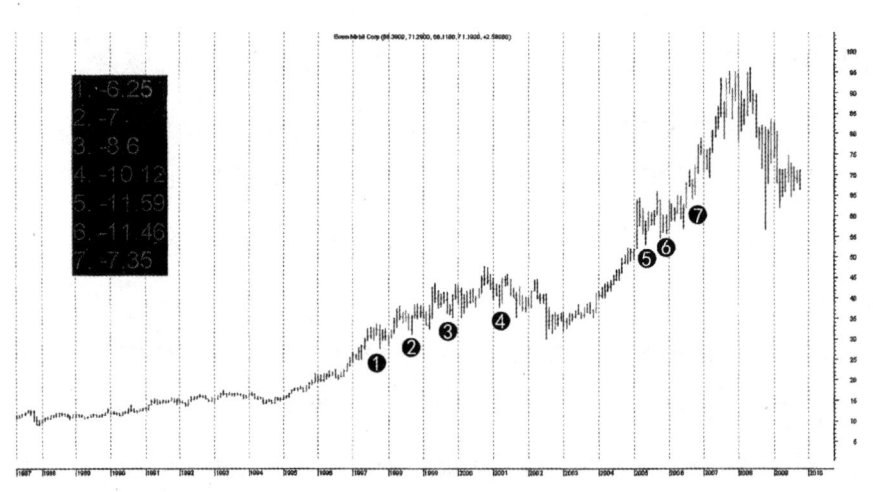

图7-3　埃克森美孚公司（月线）

在埃克森美孚公司的图表中，我们显示了在主要上升三合线之内的两个次要修正。如果我们要交易修正的话，在选择主要波段的时候就要做出决定。例如，我们可以选择七个点的修正。

如果我们这么做了，就要在入市之前等待任何一个修正来获取至少

第7章 三合线交易波段

七个点的长度。此外，我们还要确保市场给出了反转的明确迹象。

交易前先度量市场波段

入场点

一旦判断出主波段，就可以在市场中占据主动。你现在必须要在一个趋势中等待，等待一个波段反复的次数足够多，直到你需要的次数。当这种波段出现，就可以有所行动了。这个数字达到时，先不要立即行动，等三合线出现后再进入交易。

这个进入点接近三合线的第三根K线，其趋势与主要趋势一致并持续以往的趋势（见图7-1和图7-2）。它能使你避免冒险，把行动把握在主趋势内。

波段会在校正结束时出现，这是它采取的保护行动。基本的市场结构及其反转点、波段、三合线都在起作用。它们使你在风险最小时入市，不会过早进入。

比如说，在上升的趋势中，一旦你拥有了关键数字，你就应当等候一个与之相等的回调波段。一旦这个波段和转向三合线出现，你就应当在它结束时买入。在下降的走势中，情况相反。你要等待的是向上的等于主波段的波段，等待着相反的三合线，在它结束时卖空。回调波段通常在之前涨跌波段的30%到60%之间。

这种入市的技术不仅能用于波段交易获取小利，也可以用于长期交易。这全在于你买卖的性质。

下一步是出场。

出场点

懂得什么时候出场比知道什么时候入场更重要。多数交易都因为出场错误而失败。例如，当股市牛市，多数股票都是上涨，在这种情况下，买入会获利。失败者往往是恋战之人，不能及时卖出。

现在我们需要考虑的是如何在短期波段交易中出场。出场时，我们有很多选择，只有通过测量才能明智出场。

出场策略可以是目标式的，也可以是移动止损式的。目标式出场一般是当风险报酬率实现或者止损被触及。移动止损出场则是止损位会随价格移动，直到价格反转一定幅度触发止损。两种出场方法各有利弊，取决于你的整体战略与交易方案。

最重要的，令人兴奋的概念是风险回报率，甚至移动止损也取决于它。不能达到较好的风险回报率的交易只会失败。当选择一个出场策略时，首先，要检验你的系统，这样才能达到一个有利的风险回报率。没有这种检验，任何出场都不会成功。这是我们要强调的。

一旦确定了有利的风险回报率，你要检验市场，检查你的入市技术和交易方式和方案是否能持续带来你应得的风险回报。在为时几天的短期交易中，最好依赖风险回报出场。你的目标是把回报与风险挂钩。长期或中期的交易中，最好在风险回报率策略上加入移动止损。

最后，对你最有利的出场方法能让你很容易地持久获利。这要看你的交易方式和个人风格。最好有出场目标，而不是根本不打算出来，或者不能移动止损。你要是想保持较好的风险回报，就应当让出场变得容易，这比用什么方式出场更为重要。绝对不要超出你的风险回报，这是成功出场的秘诀。另外，尽量简单自动地出场。你一旦得到了较好的风险回报，就要想办法减少交易的步骤，这能使你获得更多的出场力量。

让我们再来谈谈降低风险。

降低风险

交易之战应为降低风险之战。交易实际就是风险。做风险买卖，要

第7章 三合线交易波段

甘冒风险，才能得到市场的回报。如果冒险，你就有奖励。如果不冒险，就得不到奖励。

交易者是职业冒险者。他们不避险，多数人要避开生活中的危险，整天担心。任何值得做的事都存在风险。关键在于勇敢地面对，而不是躲避。知道这一点会使你与风险为友，风险不是你的敌人，而是你的盟友。冒险的秘诀是让形势有利于自己，并且尽量减小风险。

减小风险不等于避开风险，而是聪明地接纳它。这是风险对你的要求。风险永远在那里，市场就是因为你肯冒险才给予回报。你在的行业存在风险，你必须学会驾驭风险。通过风险管理，利用风险。在入场和出场中驾驭风险就是要保证风险回报和赢亏率。

比如，如果你每失去一块钱就能赢回三块钱，这里的风险回报是一比三。你的回报是冒险代价的三倍。如果你交易十次只会赢三次，那么你赢的三次会给你带来九块钱，你输的七次会让你失去七块钱，即使你在十次交易中输了七次，你依旧能获利两块。

这意味着即使多数交易失败，你也能赢。这个例子显示了交易中风险回报率和风险控制的魔力。

使用主波段和关键数字，在进入市场之前等待三合线和有利的风险回报率，这三种办法都能帮助我们降低在波段交易中的风险。不管你用什么方案，进入市场之前等待三合线，一定会帮助你减小风险。不过我们必须指出，这并不一定适合于出场。主要有这三种风险控制的方法，能帮助你获利，使你在市场中取得长远收益。

基本上，你需要一个好方案，这个方案能给你带来较好的风险回报。让我们检验一下这三种方法如何帮助我们减少风险。

如何运用止损

运用止损不应当成为风险控制的主要方法，我们必须强调这一点。

止损不会把一个坏的交易系统变成好的,止损能做的只是在一个赢利的系统里避免最坏的情况发生。

这就是为什么止损在某种意义上来说是一门艺术,也是一门科学。止损能做的是把损失控制在某一点之下,不要把它当作你的主要风险控制方式。如果你的系统不停地亏损,那么把它丢弃,另换一个系统。

也有可能,你的止损在失常的市场中不起作用,不管是长期还是短期。所以,你绝对不要相信止损,不管它多么适时。

有多少次你进行交易时进行止损,可是市场反转了,又恢复了原来的走势。本来你的交易会挣钱,可是你却做了止损。这种情况一次次的发生,却不是很有规律。如果是这样,你的止损做得的确很差。如何校正呢?首先,你要看你的统计表,这里有你对市场波段的研究。在统计表里,你会发现波动多大频率触及你的止损。这将让你把止损设在市场偶尔能及的地方。

设定启动止损的市场波段幅度也应当是交易系统的一个功能。有时候,你在丢失了几个点之后,很容易停下不错的交易。你这样做,是因为你宁可不做好买卖,也不想招来不必要的损失。可是,没有人能理解这一点,只有你才这么想。这都是由你的计划、你的出场和你的风险回报以及收益损失率决定的。

既然这样,你就应当用表来研究这些波段的幅度,在一个阶段内,它们不会触及你的止损,除非市场真的反转。然后,在你的系统内调整这些数据。

掌握波段:其他统计方法

测量市场波段的目的是驾驭它。使用上述方法,你就能够得到一个相当准确的市场画面,在其中交易。没有什么可以取代你与市场的直接

第7章 三合线交易波段

接触。

掌握市场波段没有止境，你可以加入新的元素，比如其他统计办法。把所研究的波段的平均价格长度和时间长度考虑进去非常有用。你可以把模型和平均数加进去，并计算标准差。你可以在你的表单上做这样一栏，所有这些能让你对市场有一个清晰的印象，知道它在做什么。这些新方法非常有用，只要你懂得它们的意义。

这些意义不会自动起作用。不要盲目使用方法，比如不顾市场表现就在两个平均线的交叉点上买进。要理解每个方法的意义，并且要知道如何使用以得到市场的清晰图像，这非常重要。

比如，你如果想利用这些方法来研究波段的重复，这个模型会给你一个最重复出现的波段的幅度。这对了解某种调整的影响及重要性很有帮助。平均值会给出一系列波段的中间值，它不是平均数，而是真实存在的值。最重要的，是标准差。它会马上告诉你某种时间和价格波段出现的可能性，以及接下去会发生什么。

如果你想知道，当一个简单或复杂的波段发生后，市场会向相反的方向走多远，你只需要看你的表格，找到振幅这一栏。如果这个波段是在两个方差之间，它再次出现的可能性是95%。如果波段超出了两个标准差，它再次出现的可能性就很小。

在使用标准差时要注意一点。标准差不能用于入场，它也并不意味着可以逆市场趋势而动。它作为一个附加工具，可以与市场结构一起使用。市场可以进行很长一段时间才会发生反转，所以标准差对于确定某一振幅可能发生是有用的，不过，它不能用于在入场时预测反转。

在多数情况下，这样做的结果是灾难性的。市场并不是线性的，在入市之前，我们必须永远等待确认反转出现。

对两组情况，你可以把相反的波段分类，再使用同样的工具。如果a波段之后是b波段，c波段之后是d波段，等等，我们要量度它们。

你可以对照标准差这一栏选择一组同样振幅的波段。我们测量出相反的波段b、d、e……就得到他们的标准差。这样，我们就可以知道对某一波段，如果它在两个标准差之间，在它之后发生波段的可能性是95%。

所有这些也可以不用统计方法完成，可是结果不会太精确。你可能一眼看出那些波段大小一致，检查它们的相反的调整波段，猜测哪一个重复的可能性最大。可是用前面讲述的方法获得的答案更加准确。用这些方法，你可以做多种实验和应用。你的想象会限制使用它们的效果。

现在我们来解释研究上述波段会带给你对市场的另一种认识，直觉的认识。

建立你的第六感

认识历史增长直觉

对于市场历史的实际了解是得到准确深入的市场知识的唯一方法。这种实际知识来自于图表和表格。

图表使你练就认识反转点、波段以及形态的本领。你知道价格和时间，变化、变化率和数量如何互相关联。而且，在图表中，你会认识显示出市场影响的各种信号和市场表现背后的规律，比如作用与反作用法则，不平衡法则。图表会教你不同的计划对应于不同的交易方案在以往如何共同起作用。

表格将使你能够把各种市场走向分类，以便把价格和时长以及对它们的统计做成表。这会使你对过去有一种数字上的感觉。

所有这些对市场的感觉综合到一起，几何和算术的，图像和数字的，图表和表格。它们会让你对市场有一个完整的认识。这些你都需要。在图表和表格中，你会发现市场的历史。所以你应当研究它的较早

第7章 三合线交易波段

的过去。另外,你的研究要包括所有的时间周期,年、月、周、日。这样用图表研究市场的历史会为你建立市场知识基础。这种知识是积极的,你应当随手写下自己的观察和感想。

你应当至少记下市场的特别历史。知道过去重要的市场动态,并牢牢记住。知道不同市场时期里主要的牛市和熊市(见图7-1)。记忆20世纪以来道·琼斯工业指数的图表是一个很好的练习。记住这数十年各主要阶段的时间和价格的幅度。对于具体的股票、期货,或任何你感兴趣的市场,你也可以这样做。

你对图表研究得越多,你就越想研究每个市场的数字。你对市场过去量度得越多,你知道得就越多。我说研究,并不是要你成为专家,在各种市场中交易。我说研究,是指许多对不同条件下市场的综合认识会让你占有优势。即使你只擅长一种市场,只用单一的一种方式交易,这种优势也会显现。不管你用何种方式,以一位分析员、投资者或者交易者,你都会从研究中受益。

总之,你要做一名学生,去研究市场历史,并不断获得市场的新知识。

市场是不可知的,但是对于市场历史的研究会扩展你对市场的认识,使你在市场中更加机敏,使你成为更好的分析员、交易者,或投资人。可是,这些知识远远不止是历史数字。

这种历史数据中藏有秘密线索。所有的市场历史都是关于过去的。

图表和表单会把历史交代给你。甚至当你在一天之内进行交易的时候,你的显示屏中显示的是过去。

你可以选择你想要的任何时长,不管是几十年、年、月、周、天,还是一天之内,都属于市场的历史。

你需要看的只是历史。总之,现在,市场的现在,并不存在。它也不能作为数据存在。现在没有数据,至少没有现成的数据。当他们成为数据的时候，比如，一个在你的显示屏上闪现一分钟的 K 线，它们已经成了过去。因此，我们全部的市场知识，即使我们以为是实时的市场行为，都是关于过去的。不仅是图表、表格和实时屏幕中看到的市场行为，而且也包括整理这些信息的方式，都是过去的事。

你在用过去的工具解读过去。图表、交易方案、市场结构理论，凡是你想得出的工具，都不能描述市场现实。它们所能做的是把一个我们叫做市场的东西的形象投射出来。市场印象是以过去的元素构成的。即使你以分析员、投资家，或交易者的身份眼光看，这种认识也是过去的。你不能认识现在，它永远躲避着你，就像市场一样。

总之，市场是不可知的。你永远无法通过直接观察了解到市场的真实情况。这样，你就必须处在现在，然而这是不可能的。如果你处在现在，在实时的市场中，你不需要工具来理解它。如果情况真是这样，你会有一个即时的、清晰的对市场现实的认识。市场的过去与现在的不同在于，过去是过去的知识，它不再是完全如实的。

只有现在是现在的真实存在。可是，你仍然把它当成过去，只有通过过去和它的工具，才能认识到它。你所能做的只是在过去的市场现实中求得近似。你创造了起作用的有价值的理论，如果这些行为，比如在市场有某些表现时买进使你获利，这些理论就是有用的。

可是，即使是最好的分析也不会太准确，最好的计划也不会永远成功。

如果我们只是研究，根据过去的信息做出反应，我们就太小看自己了。我们不能假设，我们需要知道市场的一切。我们永远不能认为市场会像我们设想的那样运行。尽管我们只是在过去，只有过去的资料，我们获悉的一切都是过去的事情。我们的目标是尽可能地逼近现在，这个看不见、永远逃逸的市场现实。

为了达到这个目标，我们必须知道我们所有的工具，对市场的描述、研究，甚至作为分析师、投资人或交易者的我们自身，都是我们在过去构建的解释。我们必须永远还市场以真实，让它回归看不见的现在。我们只有充分认识到过去只是过去，不要过分相信我们对市场或是对自己的看法。

相比之下，那些著名的魔法师相信他们不会失败，总是有一天因为过度交易而破产了。还有一些人，他们觉得市场永远改变了，低迷的熊市和萧条不可能发生。答案是，没人知道会怎样。我不知道。如果你知道，请给我发邮件告诉我。谢谢。

因此，要小心过去。这是一把双刃剑。现在我们需要了解一下市场意志。

市场意志

市场似乎有自己的意志。它好像对于要去哪里，为什么要去，有自己的打算。这个意志是市场行为体现出来的无数个想法。市场意志是一个巨大的水库，各种各样的想法和打算从那里形成、发展，最后成为更为简单或更为复杂的想法。这些想法是每个市场参与者的思想和行为。是他们建立起来的市场意志。这个意志时刻在处理着大量的信息和个人对于这些信息的考虑。

这种处理力求认清市场现实，或者想采取行动，达到某个特定目的，处理过程是通过对市场的多种认知、利用多种解读市场的工具进行的。作为模拟，我们可以把市场意志想成一部巨型计算机，上面同时运行着无数的软件程序，这些程序给出的各种结果会被综合归纳。

作为交易者和投资者，你们和我只是市场意志中的一些想法而已，你对市场的所有想法都会产生影响导致市场行为。而这些行为不见得是你的行为。有人参加舞会，听到某人谈论股票，第二天就会去买。

所有这些复合的行为形成了现时的市场现实。这个市场的现实是不可见、不可知的。我们过去的解释只能估计市场现实，希望二者吻合。至少有部分吻合。

我们曾经说过，所有的市场知识和市场工具及行为都是过去的，永远不是现在。我们也曾说过，看清市场的现实是不可能的。这是因为，只有当一个行为完成之后才会形成看法。

我们不能认清现在是因为我们不能看到还没发生的事。所以这种认识无法形成。就市场而言，现在完全是一种潜在的可能。能够认识市场就相当于能够认识到无穷尽的过去所含的能量或势能。我们做不到这些。

这个市场现在的状态我们无法了解。可是，这并不等于我们永远被市场的现在拒之门外。隐形的交易者就在我们之中，不会被我们的自以为是所迷惑，总是知道现时市场的状态，它的真实情况。多数交易者不知道自己身上这个隐形交易者，把现状与过去混在一起。只有当你认识到两者的不同，你身上的隐形交易者才会苏醒。

我们看看他是什么样的吧。

内在交易者的自我展示

交易者永远不在过去，也永远不在现在。它总是知道什么事正在进行。他是你的内在交易者，怎样才能把他释放出来呢？

当我们听从自己的直觉时，这位内在交易者就会出现。这种直觉是一种能力，必须好好培养。是这种能力让我们立即接触到现在市场的真实。本能是可见或可认知的过去与现在不可见的市场真实之间的桥梁。本能不能与其他东西混淆，它不是一种模糊的感觉，而是精确的，不会出错。

市场本能是你的内在交易者传达给你的信息，告诉你现在的市场状态。

本能永远无关乎过去。它总是涉及现时的情况。它与你过去读的关于市场及你所用的工具没有关联。消除市场现实与你由模型、工具、方法而获得的认识之间的阻碍，才能培养起对于市场的直觉。把这些阻碍当作通向远处的铺路石，它们就会一点点被消除。换句话说，要想有所建树，必须有直觉，训练有素。只有努力工作、刻苦研究才能形成这种直觉。

这一市场现在开始默默地指导我们的研究和行为。市场认为我们只在过去行动，只知道过去，这在我们认识水平上是真实的情况，市场现在把我们的思想引到一个更深的层次。通过不断对市场的研究、在其中的实践，比如分析、交易，或是投资，对市场现在的即时认识得到了释放。于是，你研究市场越多，你越实践，你的内在交易者越能自由、有效地指引你，不需要你的知识和市场行为的参与。你的内交易者超乎意识，在意识和你的主动认知的自我之上。

想让他为你工作，需要专心研究市场，继续实践，心里要明确，内在交易者经常在你不知道的时候在为你搭桥，给你展示市场的现在与内在的真实。于是我们要谈到市场创新这个话题。

交易者也是发明家

与你内在的交易者联合共事的过程与发明家发明创造的过程极其相像。也就是说交易者实际上也是发明家。知道这一点有助于你在市场上的成功。让我来解释一下。

发明家要经历很多阶段。可是最终发明是一种觉醒，无意识完成了它的工作。发明的工作包括以下几个阶段。

1. 积累信息；

2. 头脑风暴；

3. 酝酿阶段；

4. 新想法诞生。

真正的发明家是未显身的自我,这个人永远在变化的当下。发明家所做的只是任由他内心深处的内在发明家工作。发明永远是关于未来的,从现在想出来,在过去认识到。

发明家做的第一件事就是知道他的领域或专科,对于学习市场的学生、分析员、交易者或投资人来说,情况类似。他知道市场不会重复历史,他知道要一个市场趋势。于是这位市场的学生自然而然就产生了想法。

发明家会有一阵停止思想,把工作留给无意识的内心。这就是酝酿的阶段,所有的信息都来帮助导出真正的内在知识。同样的事情也发生在市场学生身上。他想了很久市场的走向、他应当采取的行为,现在开始休息。这段休息时间让他内在的交易者融合完成最终的想法。

然后,他的市场知识发挥出真正的潜能,这种潜能是现在市场的真实所产生的。现在市场现实就是这样与我们发生联系。通过我们内在的交易者我们学会了交易,掌握了市场。他什么都知道!

现在我们要转到结合技术指标、三合线及市场结构交易。

第8章 三合线结合指标交易

为什么指标给出众多错误信号

为何指标掩藏市场真实

指标创建于正常的正态分布曲线范围内，它们是一些平均值。这些平均值使市场数据趋于平滑，同时，也掩藏了我们了解真实市场状况所需要的数据。如，移动平均线，顾名思义，展现的是市场真实数据的平均值，但这不是市场的真实价格，而是一个并不存在的平均价格。

它的市场导向也是平均值，而不是真实的市场动向。通过这些平滑的数据，人们无法看到真实的市场结构。这些数据使人们无法看到那些了解市场并从事交易所需要的重要数据。比如，当市场状况已经反向运行了一段时间，处于下降过程中时，移动平均线仍然会显示目前的市场状况处于上升状态。

移动平均线使人无法看到关键的基准点或市场的重要波段以及市场结构。这些在理解市场行为方面非常重要的数据，都被这个平均值掩盖了。

这就是需要先了解市场结构的原因，移动平均线让人无法了解真实的市场结构。而且，当一个移动平均线跟其他的移动平均线交叉时，它为我们提供的关于价格、市场走势和交易信息之类的内容，都是虚假信号。如果较快的移动平均线上叉较慢的移动平均线于某个点，人们会认为那是个可以买入的信号；而如果下叉，人们则以为那是个应该卖出的信号。

这些信息有时的确有用，但通常是没用的。很多这样的信息，如果单独拿出来分析的话，是虚假的。实际上，通过平滑市场数据，移动平均线已经篡改并伪造了真实数据。这时，市场行为的信号自相矛盾。当移动平均线与真实数据不符时，就会造成一连串亏损。

这不是说移动平均线就一无是处。它所做的平滑市场价格和平均市场数据的工作是非常有价值的，然而，要使它的工作有价值，必须满足一个条件。

趋同与趋异

移动平均线有效的前提条件是，市场的动向与移动平均线是趋同的。当这两方面趋同时，平滑市场价格可以显示市场价格波动时的动态平衡。平均值则成为市场价格即将达到的中间值。

从这个意义上说，移动平均线可以帮我们确定市场价格是高于还是低于其上下波动的平衡点。这一点对于交易而言是相当有用的。例如，当市场价格高于平衡点时，可以卖出；反之，则可以买入。

当移动平均线与市场行为趋异时，会适得其反——产生很多错误的信息。这时，就不应该使用移动平均线了。

这个趋同与趋异的概念有一点额外的价值，那就是，它可以作为交易的工具。不知大家是否记得当初查尔斯·道如何使用工业指数和运输指数两者的趋同与趋异来推出市场逆转信号的？在这个案例中，两种真实的市场结构，分别展现了各自真实和客观的市场信息。趋异并非真正确认，而是提示市场逆转情况可能发生。要记住，两种市场指数的趋同显示市场行为的积极信号。真实的市场结构是趋同的。

在使用移动平均线时，情况就不同了。两种截然不同的事实相遇了。一个是真实存在的市场结构，另一个是从现实中抽象出来的数学实体，它们的趋同与趋异都取决于市场结构本身。当市场价格处于首要地位时，双方的趋异才有意义和用途。当市场与移动平均线趋异时，是市场占主导地位，而不是移动平均线。市场让人们不再受移动平均线的影响，并将其迅速发生变化。人们必须以市场为主导。

那么，如何才能知道移动平均线与市场是趋同还是趋异呢？在接下来的章节中，你将找到答案。

市场的根本结构可以帮助人们复原那些丢失的数据

了解移动平均线与市场趋同还是趋异的唯一方法是，将其与真实的市场结构相比对。除此以外没有别的办法来解决这个难题。只有市场结构能让人们清楚市场究竟是怎样的。通过观察市场结构可以知道，市场是处于向更高的高度上升的趋势还是向更低的位置下降的趋势，或者，处于一个不升不降的横盘范围内。

市场的基本结构及其三个基本要素：反转点、波段、三合线，向人们展现了一个在特定时刻形成的市场，以及此时出现的市场结构的意义。唯一真正有意义的是市场结构所展现的意义。因此，必须清楚地了解市场结构，除了市场结构的知识外，别的无须了解。

不管你是否能从移动平均线得出真实情况，有时它可以显示真实情况的。但是，更多的时候，它不能显示真实情况。那么，如何知道它显示的情况是否真实？只有一个办法：将它与真实的市场结构进行比对。唯一真实的市场情况，存在于市场的反转点、波段和三合线组合中。由此可以得知，移动平均线是否与市场结构趋同。

运用这些知识，可以有计划地使用移动平均线，在给定的市场行为范围内取得稳定的数值，这样可以在市场活动处于平衡状态时，得出一个动态的平均值。这意味着，如果市场走势是上升的，那么这个平均值也是上升的。如果市场处于水平范围，这个动态平均值也同样处于水平范围。你可以使用这个平均值。

然而，即使如此，也有些情况需要注意。相对于动态平均值，在判断市场走势方面，市场结构占有优先权。比如，市场结构显示，市场走势仍是下降的，但是差不多在反转点上，这时市场和动态平均值趋同，但动态平均值带来不了你所需要的新信息。

这道理也适用于其他统计指标。他们总是抽象地提出市场信息，而不考虑它的结构问题。

他们给你提供的信息并非基于市场价格，而是游离于其外的。这种偏差会导致人们盲目地相信这些数据。人们必须将这些数据与基于市场结构下的市场行为进行比对。这样才能帮助人们了解这些数据与市场是否趋同，以及其准确性。在观察时，才不会得出自相矛盾的关于市场行为的结论。

这就是为什么必须首先依赖于市场结构的原因。

我们需要指标吗？

结合我们上述的阐述和整本书内容来看，似乎你根本不需要指标。事实的确如此，交易中你所需要的就是市场结构。如果你明白他们的真实含义，了解反转点、市场波段、三合线以及他们构成的市场结构，这些对你来说就足够了。然而当你把丢失的数据恢复到指标时它们是有用的，它们可以平滑市场，有时还可以提供关于市场的附加信息。对于做交易的人而言，每一条信息都是有用的。做交易的人应该尽可能地使用一切可以获得的信息。

第8章 三合线结合指标交易

在平滑市场时，使用动态平均值或者孤立地取出一系列数据的中间数，都是脱离市场结构的做法。孤立的数据毫无意义。当数据被复原到市场结构中时，指标才能发挥它真正的作用和意义。这时，该指标的真正意义才会显露出来，也才能作为交易工具被使用。通过复原市场缺失的数据指标，比如随机指标、相对强弱指标、指数平滑异同移动平均线以及其他指标，才能使之成为有用的工具。这样，它们才不会与市场的真实状况背离，从而成为市场上进行贸易时获利的工具。

这一点给我们提供了使用指标的新方法，而不是像平时那样，仅仅将它们作为数学工具，根据它们所提供的信息进行交易。事实上，这种新的方法同时是最古老的。它包括读懂没有指标的指标。也就是说，读懂指标所显示的市场结构。这一点是可能的，而且是有用的。

指标可以告诉人们一个有意义的市场格局。需要了解市场结构才能读懂它。这样，我们才能继续使用指标，作为一个普通的、常常背离市场结构背景的工具。例如，根据市场结构，如果在指定时间内指标有上升趋势，那么给定范围内的移动平均线也应该是上升的。同样，如果是下跌的趋势，那么移动平均线也是下降的。这没什么好计算的。

指标基于现实。这就是为什么我们必须始终搞清楚指标背后掩藏的现实。你将一直能够发现市场结构的一个元素——通过抽象和平均的方式形成的指标。你必须确定这一点。这比其所构成的指标更有价值。它是指标的来源，永远都要先去寻找这个来源。它们不需要再进行更多的加工处理。

让我们简单地讨论一下优化移动平均线的问题。

我们不能优化市场现实

一些人优化移动平均线的原因是，他们认为这样做可以最大限度地减少错误信息。这是极不真实，或者说，极不可能的。他们所做的，只是选一个合适的数字，将其与过去的数字取一个平均值。而过去的数字已经不再有效。当这个平均值被用于交易时，它只是个被篡改的数值。因此，又导致了虚假信号的产生。

然而，有些优化是很有趣的。尽管它通过选择一个合适的数据来在稍后的时间迎合过去的需要，从而篡改了未来需要的数据，但是这个数据的确符合过去的需要。这就是可以在一些交易体系中获得暴利的原因。他们所做的就是，从过去的市场数据和已经发生过的事件中寻找一个合适的平均值或者指标。这样，他们就可以成功地找到一个适合市场结构的移动平均值，但是这个平均值仅适合过去的市场结构。

这一点揭示了市场结构的力量。其实，当你对一个移动平均线进行优化时，往往是为了符合市场价格的要求。这就告诉我们，谁真正起主导力量。主导力量是市场结构，被引导的是移动平均线。

优化移动平均线的教训是双重的。首先，这个优化是盲目的，背离于市场结构的。其次，已经对市场结构做出的优化是无法改变的。我们有两个极端。一个是优化——移动平均线；另一个是优化程序——市场结构本身。

优化本身就像一个盲人通过实验和犯错来寻找前进的路径。人们选择数据，直到找到一个满意的为止。不知为什么，这些事情在实验和犯错中进行着。然而，合适数据的出现，只有一个原因。市场结构验证了它的合理性。

为什么不直接看清楚市场结构，而非要盲目地进行实验和犯错来找到一个适合于过去却对未来没什么用的数据呢？为什么不直接去研究过去、现在和未来市场行为的源头——市场结构呢？

这就是我们绝不能试图去优化移动平均线的原因。它另有用途。如果你想了解这一点，让我们进入下一个章节。

三合线结合均线交易

欢迎回到移动平均线这个话题

我们返回来谈谈移动平均线。跟以前不同的是，这次它在用于交易中时，将与市场结构背景相结合。在使用以市场反转点、波段和三合线为背景的移动平均线时，一个新的前景将展现在我们面前。随着市场反转点的发展，一些反转点成为市场复杂波段的转折点，这标志着它们意义重大。

有些市场反转点的发展和波段看起来比其他的明显。这使市场阶段显而易见，并定义了不同市场阶段的意义。

现在马上就要用到那个简单移动平均线了，在跟市场反转点、波段、市场阶段及其重要性相比对的时候，简单移动平均值的意义显而易见。我们之所以说显而易见，是因为可以看到这个简单移动平均线是否与市场结构相结合，其信息是否与市场信息相吻合。这一点的确是显而易见的。

要发现简单移动平均线的能量，需要用一个全新的视角来观察它。并从市场结构方面来考虑它的意义。

此时，移动平均线不再是一个盲目的脱离了真实价格和市场情况的工具。简单移动平均线像一条游走于市场反转点、波段和阶段所组成的路径上的蛇一样，顺利地释放出自己的能量。要在实践中使用这种能量，首先，我们需要在图纸上绘出基本的市场结构。通过定义市场简单与复杂的波段，描绘市场的三合线，找出它们所定义的反转点，最终将所有的反转点连接起来，形成市场波段的曲线图。

这样就能导出市场结构。完成上述工作之后，基本的市场结构图也就出现了。我们可以从中看到，那些波段如何构成市场阶段，那些阶段如何构成形态。此外，它们相对于价格、时间、结构而言的重要性也将变得显而易见。

一旦完成了这项工作，一条不需要优化的简单移动平均线就呈现了。因为有市场结构做背景，完全没必要做任何优化。选择一条可以自由游走于反转点、波段和市场阶段之间的移动平均线。一条为期20天的移动平均线可以适合日线图。更长期的话，可以选一条为期50天的移动平均线。有了简单的移动平均线，可以在其基础上建立一个交易体系。

现在我们来探讨一下关于使用移动平均线在交易中获利的问题。

交易中的移动平均线：三个普遍条件

在交易中，使用移动平均线的一般方式是，当移动平均线金叉（快线上穿慢线）时马上买入，反之则立即卖出。如果你这么操作，会出现很多虚假信号。当价格与平均线相交时，这些虚假信号就会出现。然后，在你得到预期利润前，它们就会转到平均线以下。

造成这个现象的主要原因是移动平均线与市场行为不和谐。在市场趋势下落时，移动平均线可能短时间交叉向上，这种情况经常发生。这样错误信号就会大大增多。为了避免这种情况发生，可以在市场结构背景下运用移动平均线。当市场结构上升时，你就只能在多头一边交易。当市场结构处于下降，你就只能在空头一边交易。如果市场是在一定区间内震荡就不交易。

在水平盘整时，价格在边界之间波动，但是力度不足以形成趋势。盘整总是让你处在一个劣势，市场缺少力度。而当市场力度足以形成趋势后能大量减少你的风险。这就是不在水平震荡区间交易的原因。基于同样原因，移动平均线在这区间极容易产生错误的虚假信号。

第8章 三合线结合指标交易

因此，在一个确定的趋势里使用你的简单移动平均线交易。通过基础的市场结构和你学习的入场方法作出决定。当市场结构表明趋势是确定的并向上的，你只能作多头交易。当表明趋势是确认的并下降的，你就只在看空的一边交易。只有这样才能明显加强你的交易。

为了交易简单的移动平均线，以下是适用于所有我们移动平均数交易方法的基本条件：

1. 你需要一个趋势，向上或向下的，被基础市场结构确认。

2. 如果趋势是向上的，简单移动平均线向上，如果趋势是向下的，简单移动平均线向下。

3. 不要在水平震荡区间内交易。

在满足以上条件的基础上，来阐述我们的第一个移动平均线交易策略。

交易简单移动平均线：逆向投资者策略

该方法与移动平均线交易的通常方法相反。我称其为逆向投资者策略：在价格下叉移动平均线的时候买入并在价格上叉移动平均线时卖出。

这样做的条件是，首先，一般情况是市场是向上的而且移动平均线也是上升的。其次，当价格下穿简单移动平均线时，你必须等到向上三合线出现时买入。等待这个三合线的出现，可以减少下跌的风险。你买入后它可能继续向下，然后反转。为了减少买入点的风险，你要等待三合线（见图8-1和图8-2）。当向上三合线出现，你在收盘时买入或者你在下一根K线开盘时买入。这是买进的设定。你必须要确保在市场结构中其他因素确认你的交易，比如双底或有利的支撑。否则策略是危险的。

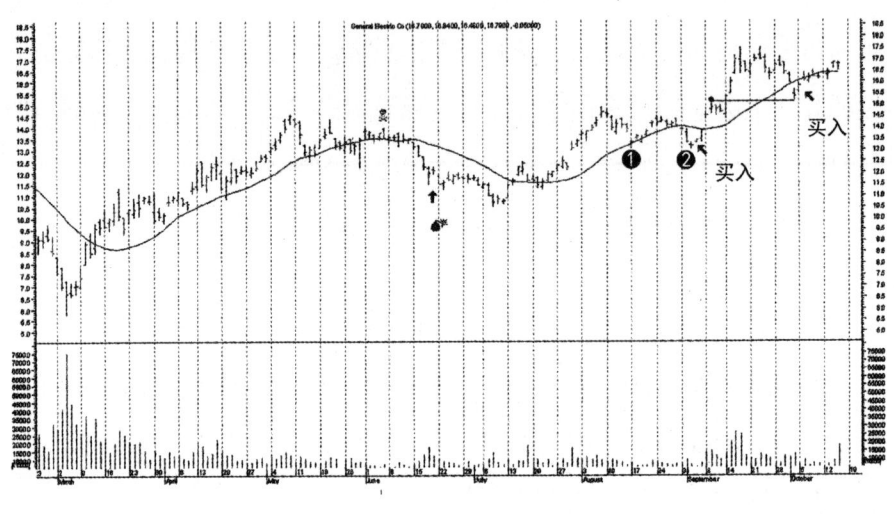

图 8-1　通用电气（日线）

如图 8-1，我们在价格下叉移动平均线时买入。我们这么做的条件被满足了，有一个在上涨中的移动平均线，也有能给我们帮助的市场结构。我们已经买进了一个上升三合线，它是在移动平均线之下，因为该移动平均线在上涨，且市场是在一个确定了的上升趋势中，这已经在调整之后创建了一个双重底。

注意到，当市场是在一定范围之内，也就是在"死亡隧道"之中，即使该平均线在上升，我们也不在价格下叉移动平均线时买入。同时也要注意到，我们没有在盘整被破坏之后买进第一个上升三合线，因为该市场已经演变成了一个下降趋势。

只有当市场提供给我们一个市场应当会继续的确定指标之时，我们才会买进。当平均线在上升，且市场已经调整到一个支撑反转点时，第二个买进信号才到来。在这儿，我们以收盘价买进上升三合线。

第 8 章 三合线结合指标交易

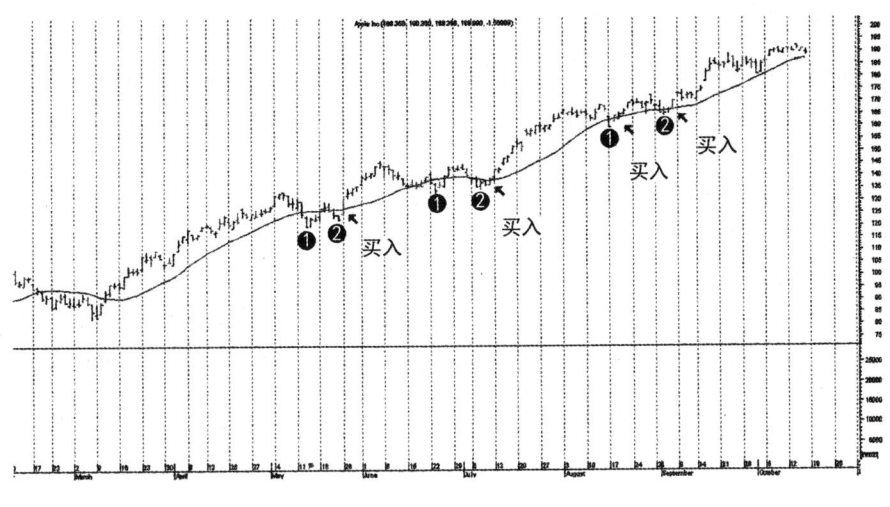

图 8-2 苹果公司（日线）

图 8-2 中，买进的方法同前面所讲到的不同。因为在前面的例子中，我们在移动平均线上指时买进，但是在这种情况下，我们等待市场和那个高于移动平均值收盘的三合线一起恢复到原位。我们也需要市场结构来确定我们的交易。

该市场已经在我们的买入点处的上升趋势之内创建了双重底，这增加了我们交易的力度。

对于卖空，当市场结构告诉你市场处于下降趋势时，当移动平均线确实向下走，并且当价格上穿简单移动平均线时，你卖空。这时市场结构必须确认在发起交易时要带有压力点或双顶。这种情况下，你在下降三合线收盘时或在下一日开盘后卖掉它（见图 6-24）。再次，等待三合线帮助卖空，降低市场在反转之前继续向上移动的风险。

正如大家看到的那样，这种策略表明趋势是你的朋友。你在一个趋势内买入，是因为趋势有额外的推动市场向上的力度。如果不是这样，将出现一个横向盘整。这并不是你所需要的。你需要在交易前确保一切力量和趋势对你有利。

该策略要经过考验和研究，你必须研究其趋势和其内部的波动。你必须把其调整的幅度和时间长度输入到你的电子表格内。这有助于在交易中增加你的自信。如果你是个短期交易者，知道基础市场结构描述的趋势和市场结构，你将结合最佳波动幅度运用你的策略。另外，当第一个反转三合线和入场点出现时，注意一般市场趋势能够更精确地指出你的风险。

在没有理解和证实之前不要盲目地使用任何交易方法。做市场的学生吧！好好研究你的交易和方法。

交易一个简单移动平均线：通常策略

这是一个经典的价格交叉。当价格上叉平均线时，你在交叉出现时就买入。用你的方法，你在以下条件出现时买入。首先，最通常的情况是市场和移动平均线必须都是上升的。一旦这些条件都满足后，你所需要的就是买入信号。当三合线第一次收盘在移动平均线之上时（见图6-17）就给出了买入信号。在此三合线之前，价格处于平均线之下。一旦三合线收在平均线之上，你就可以在三合线收盘价处买入。如果三合线上穿移动平均线，但收盘在平均线之下，你就可以在下一条 K 线开盘价处买入，只要该开盘价在移动平均线之上。你可以在该三合线低点处设置止损。

在这种交易里，你预期一旦价格上穿平均线，趋势将以新的活力继续。如果选择这种方式交易，你必须知道尽管趋势仍然向上，但某些交易还是会失败。其原因是，在股价重回目标价之前往往需要消耗很多时间。在这种情况下，下降的调整会触及你的止损。这意味着在出现一个新的信号时你必须马上重新进入市场。只有基本市场结构告诉你该趋势依然存在时才能采取这个新信号。

第8章 三合线结合指标交易

当市场透露该信号时，移动平均线会显示扁平的趋势。在趋势中，移动平均线不是不断上升，而是不时地趋平。这是由于市场的小纠正而不是趋势的终止，同时是市场在调整时间内恢复信心，这些更正扁平化的简单移动线会略有下降。

以短期均线交易与长期均线交易很相似，对于短线来说，在基本条件成立之前你必须等待，同时，你还必须等到合适的买入信号出现。

卖空的基本交易条件是市场结构必须表现出下降趋势，均线同时也滑动下来，一旦这些条件满足，你必须仔细等待股价跌过短期均线，同时出现下降三合线，你在下降三合线的收盘处卖空，止损设在该三合线的高点。（见图8-3）

该短线交易可以设置移动止损，也可以将移动止损和目标止损相结合。但按该原则交易时，你必须首先研究市场。此原则只属一般的方法，它必须适应你的资金管理、风险控制和交易计划。

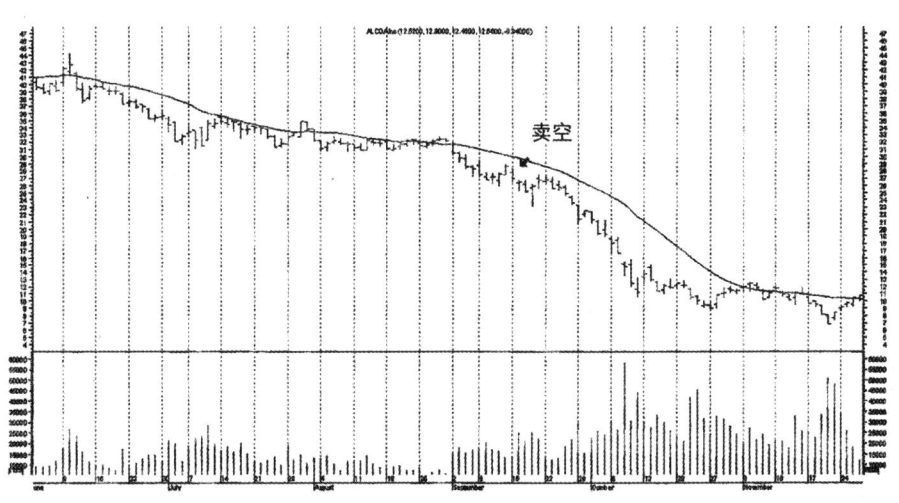

图8-3 美国铝公司（日线）

在图 8-3，我们以常用的方法，在价格下叉 20 天的移动平均数时卖空。该移动平均线在下跌，因为结构确定了市场的下跌方向。在下降趋势中，盘整被向下突破，而该移动平均线总是向下。在盘整破坏之后，我们在第一个下降三合线收盘处卖空。

要卖空的所有条件都被满足了：移动平均线向下和下降趋势，这是根据盘整被向下突破的基本市场结构而达到的。

按短期均线交易：交叉策略

接下来介绍交叉策略。在这里，你用两个简单的长短期移动平均线，当短期移动平均线金叉长期均线时，是买入信号。

这种方法是众所周知的。这是由理查德·唐奇安研究交易趋势发展起来的。唐奇安使用 5 日移动平均线交叉 20 日移动平均线。你可以使用两种设置。第一种是使用短期或中期的均线，使用 5 日和 20 日移动平均线。第二个设置，长期均线，采用的是 60 日移动平均线交叉 240 日均线。

最好不要全部依靠移动平均线。不要试图获得更好的移动平均线。他们最后的结果是相同的。相反，依靠市场结构告诉你的。选择两组短期均线和两组长期均线，并与他们保持一致。我们使用两组四分之一比率的移动平均线。如果短期均线是 5 日均线，那么长期均线将为 20 日均线。长度选择并不重要，关键是选择一对，并长期使用他们。移动平均线的长度可以变化。你可以尝试为自己选择并保持。

让我们首先探讨短线技术。作为多头交易，你首先需要 20 日移动均线保持涨势。第二，你需要了解市场结构是向上的。突破信号与上升趋势反转信号同时出现。这是因为这两者都在同一时间出现，相互配合，则表明信号越强。

第 8 章 三合线结合指标交易

当这些条件得到满足时,你等待 5 日均线金叉 20 日均线。你还需要在交叉点上出现一个三合线。当所有这些条件得到满足,你在三合线收盘时开始买入。然后,你跟随趋势和设置移动止损。一旦您的风险/回报比率已经达到,你收紧止损(见图 8-4)。

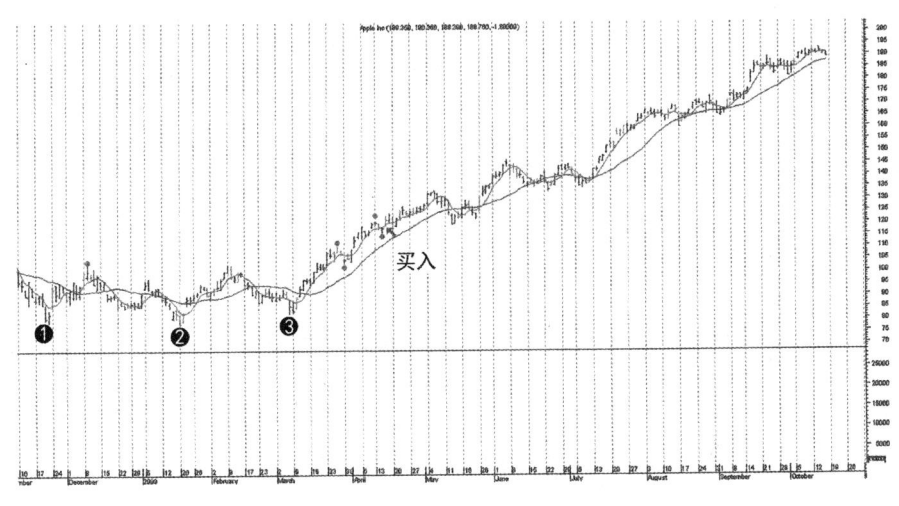

图 8-4 苹果公司(日图)

图 8-4,我们在 5 日移动平均线金叉 20 日移动平均线形成时买入。我们等待这两个移动平均线都向上,也就是从市场结构处得到向上趋势的确定证据。当我们在价格上穿移动平均线买进时,我们就在此买进,就像我们在图 8-3 中所做的一样。

从短期空头交易方面来说,你首先需要 20 日移动平均线下降。其次,你需要了解市场结构,市场在下跌趋势中。突破信号与下降趋势反转信号在最低限度上完成。

当这些条件满足时,你等待 5 日均线死叉 20 日均线。你还需要一个三合线。当所有这些条件得到满足时,你卖空下降趋势中的股票。然后直到上升趋势到来（见图 8-5）。

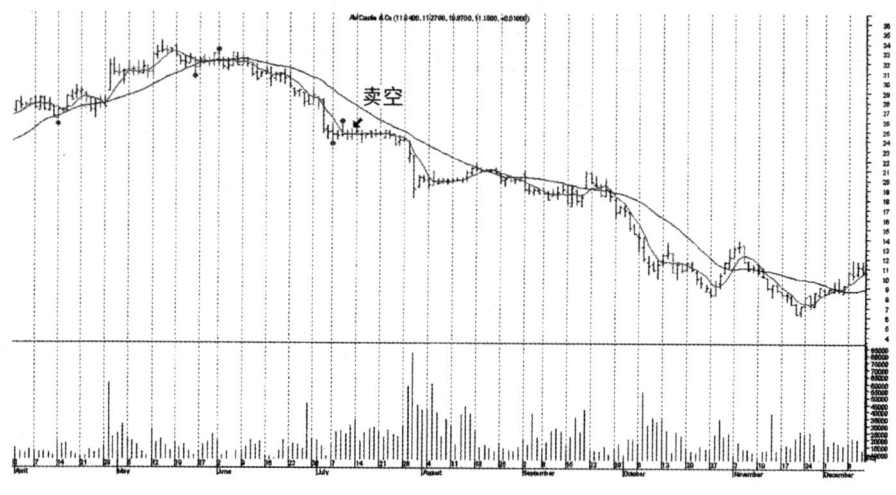

图 8-5　AM Castle & Co.（日线）

我们在 5 日线死叉 20 日线时卖空。我们也确保了平均线在一个确定的下降趋势中是下指。为了卖出，我们等待前一个上升趋势的双重底被突破。

移动平均线在长期的交易中是很有作用的。他们给出关于趋势最小效果的简单信号。所有你要做的是进行长期交易，直到市场本身趋势结束而退出。

对于长期交易来说，用 60 日或 12 周均线和 240 日或 48 周均线。当 60 日的均线交叉 240 日均线时，你拥有了进场信号。此外，你要了解三个主要的市场时间框架结构，以支持你的交易（见图 8-6）。每天、每周、每月的趋势必须依照你的基本市场结构。

第 8 章 三合线结合指标交易

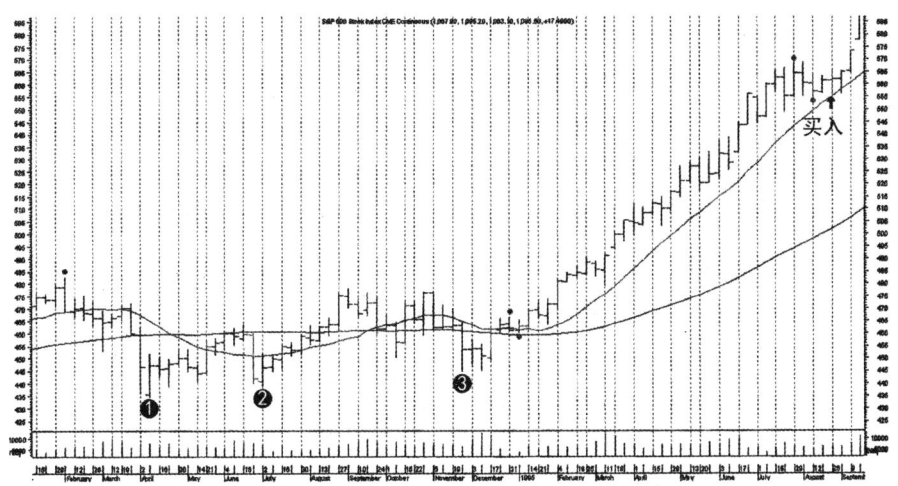

图 8-6 标普 500 股指 续图（周线）

图 8-6 是在标普 500 中的一个长期交易的例子。我们在 12 周均线上叉 48 周均线时买进。我们也在交叉之后买进向上反转。只要两个较高高点和一个较高低点一出现，这就会发生。

只要那个创建了第二个较高低点的复杂三合线就位了，我们就以收盘价买进。大盘迅速向上。

一旦这些条件得到满足，你只需等待交叉和趋势。买在上升三合线的起始点。止损在上升三合线的低点。

做空与做多相反。当市场结构在月度和周线图上趋于下降趋势，同时 240 日均线正在下降中时，就可以准备进入。只要 60 日均线穿过 240 日均线下行，就可以进入交易。卖在下降三合线的收盘处。可以移动止损跟随趋势。止损是在下降三合线的高点上（见图 6-23）。

三合线结合 MACD 交易

在进行交易时，不仅仅是移动平均线从基本结构中受益，其他技术指标也一样。他们可以使用基本市场结构为背景，通过这种方式大幅降低该指标提供虚假信号的数量。因此，他们是有力的交易工具。可以使用它们来构建系统。

技术指标是建立在市场实际情况上的，这一事实表明有一种专门的方法利用这些指标交易。而每一个指标都应该涉及它潜在的市场因素。

当使用移动平均线时，预期市场结构能够反映平均水平。这意味着，如果移动平均线上升，市场结构也将上升。市场处于下跌趋势，移动平均线也会下降。以同样的方式，反映市场结构的指标将告诉你，你想要什么。指标的表现根据市场结构。这就是说，交易时，你应该知道那些指标表示什么，然后看看市场结构是否验证这一点。如果市场结构没有验证该指标，就不进行交易。如果相反，市场结构的指标可以验证，以此为信号的交易指标即将出现。

除了移动平均线，还有 MACD、随机指标、RSI 和我自己所谓的绝对偏差指标。所有这些都将与市场结构和趋势相结合而应用。

现在，我们将讨论如何使用这些指标，我们将探讨每一个指标最简单的条件公式和核心目的。

MACD 指标交易

MACD 即指数平滑异同平均线，由杰拉尔德创建。

利用 MACD 交易主要有两种方式。第一种方式是当 MACD 穿过信号线向上时买入，当 MACD 穿过信号线向下卖出。另一种交易是利用 MACD 和市场之间的背离。当价格创新低而 MACD 上拐，则可能市场将反转；当价格继续向上而 MACD 下拐，则市场可能结束升势。

第二种方法更有用，与其说它是一个交易策略不如说它提出警告：市场可能在准备一个转折点。然而这两种交易方法都是不充分的，都没有协调利用基本的市场结构。因为按照第一种交易方式，忽略了三合线和基本市场结构，会出现很多错误信号。

MACD 交易的第一步是明确它的概念。它的功能是确认两件事情：

1. 出现交叉，市场是在交叉的方向继续进行。

2. 交叉表明一种趋势的转向。

总之，你必须寻找一个由市场结构本身确认的趋势。MACD 会进一步有效验证这一点。这也是由市场结构确认决定的。如果你要多头交易，你需要确认市场处于向上突破，然后，当 MACD 穿过信号线向上时，只以三合线来交易。当 MACD 上穿信号线时形成三合线，你买入（见图 8-7）。如果做空，反向操作。一旦你的 MACD 下穿信号线，你在向下的三合出现时卖空。如果发生这种情况，并且只有在市场结构验证了新的下降趋势时（见图 8-8），你在三合线完成时卖出。

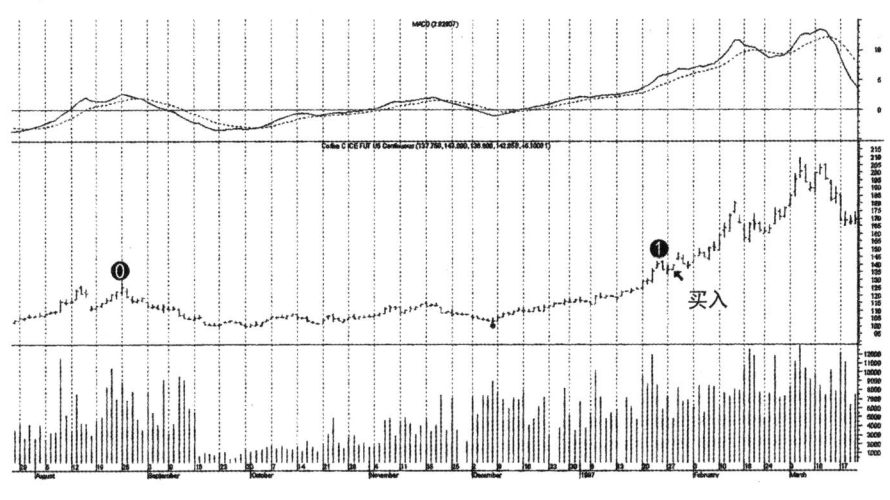

图 8-7　咖啡 C（日线）

图 8-7 中，在一个为期 6 个月的盘整之后，咖啡爆发了。该盘整的反转高点 0 在 1 处被突破。MACD 在大约两个月之前穿过 0 线，并且自从 0 线被穿过以后，它的两个平均值都是上扬趋势。

当盘整反转高点 0 在 1 处被突破之后，我们买进了第一个上升三合线。该趋势继续向上运动。

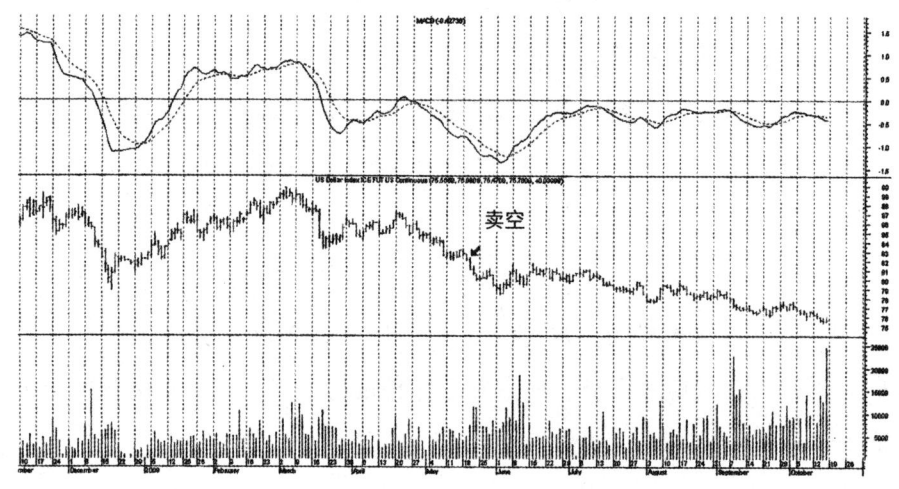

图 8-8 美元指数（日线）

图 8-8 中，我们卖空了美元指数。我们等待 MACD 下穿 0 线而两个均值都向下。我们还等待着市场结构确定下降趋势。然后，我们就在第一个下降三合线处收盘价卖空。

我们真的需要 MACD 吗？可能不需要！它只是通过确定市场结构告诉我们为什么这个方法提供给我们一些额外的自信。

在做多与做空交易中，市场结构本身最终判断使用 MACD 的市场决策。指标交易中同时考虑到市场的行动，将大大减少你的错误信号。另外，不要忘记分析 MACD 在每天、每周、每月所有的时间框架。

现在，你将了解如何使用随机指标交易。

第 8 章　三合线结合指标交易

三合线结合 KDJ 交易

KDJ 随机指标由乔治·莱恩创建，用于测量在特定的时间范围内收盘价格的位置。这能使你识别那些强有力的市场走势，以及峰值和低谷。随机指标是这样获得的：将收盘价减去某一时段的最低价，将所得的结果与这一时段的最低价与最高价的差距做比较。

这种比较是通过从收盘价减去由同期低点中的最高价范围内的低价获得的。这个价格密切关系到某一时期内的范围被称为 K 线，或快线。现在，如果我们平均 K 线的数值，我们获得 D 线，也即慢线。当快线穿越慢线时，我们得到进场信号。D 线是随机周期数的平均值，是一个简单的随机移动平均。随机可以低于或高于其移动平均线。它在每一种情况下都有确定的含义。

如果随机（%K）线低于移动平均线，是指收盘价临近附近的低价。如果低于 20%的范围值，市场处于超卖状态，因此，在近一个转折点；如果收盘范围在 80%以上，市场超买，上一个收盘价往往是在区间上端。这意味着，将出现最高点或其附近将出现逆转。在这两种情况下，当超卖或超买出现时，随机指标告诉我们的市场倾向趋于逆转。

这让我们理解随机指标的核心概念，在收盘价的位置出现这样一种方式则显示出市场行为。当市场处于超卖状态，在低范围的收盘价比在高范围的收盘价高。反之，市场超买时，高范围的收盘价高于低范围的收盘价。这可以通过简单的目视检查核实。

看一下市场结构，你就能很容易理解随机指标，没必要绘制指标看其在市场的基本趋势。随机指标是有用的，因为它能唤醒你的意识，明白收盘价的位置与市场行为的联系。通过绘制指标和比较市场行为方式，你能意识到其中细微的变化。当你看 K 和 D 线时，可以研究一下收盘位置。

这一观察也有一个教训。这个教训是，尽管他们提供市场行为的线索，但这是不够的，它本身需要提供精确的转折点。这就是为什么这么多的随机指标给出错误信号。解决这个问题的唯一方法是结合市场的基本结构。

随机指标的交易方式如下：首先，对于做多交易，当K线穿越D线且两线均低于20时买入。另外，我们希望市场结构确认上升趋势（上涨反转或下降趋势反转点被突破）。最后，当信号给出时，我们也希望有一个上升三合线存在。我们在三合线的收盘处买入（见图8-9）。

对于做空交易，我们等待随机指标高于80。然后，我们等待K线交叉下行D线，同时，我们需要至少最低限度的明确的下行结构。此外，我们希望有一个下降三合线存在，当短期信号出现，我们在其三合线收盘价处卖出（见图8-10）。

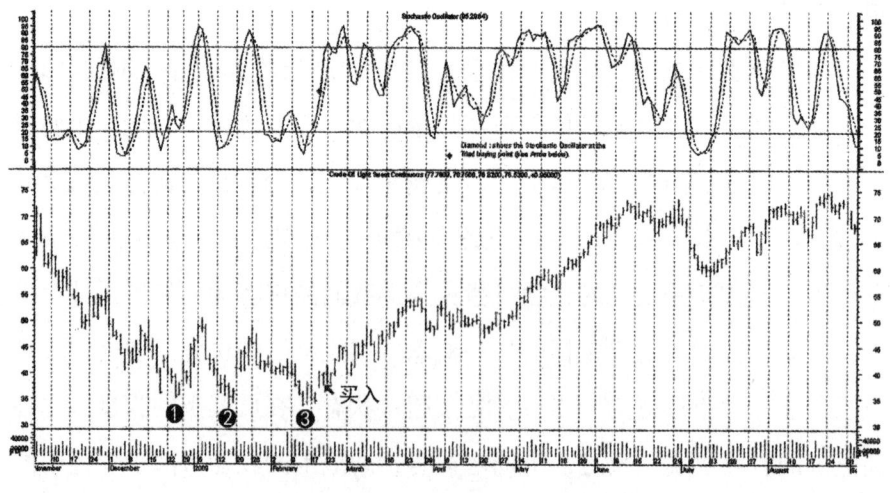

图8-9　低硫原油期货（日线）

如图8-9，用随机指标来交易。这儿，只要它的两条线都向上且越过了20线，我们就买进。

我们也需要从市场结构中得到确认，这是以三重底的形式出现的。

不在第一个上升三合线（它的反转点确定了第三个底）买进，我们在下一个上升三合线收盘价买入。那个确定了第三个底的三合线并不满足该条件：随机指标在 20 之上且 K 线 D 线均向上。此处买进后，价格上涨！

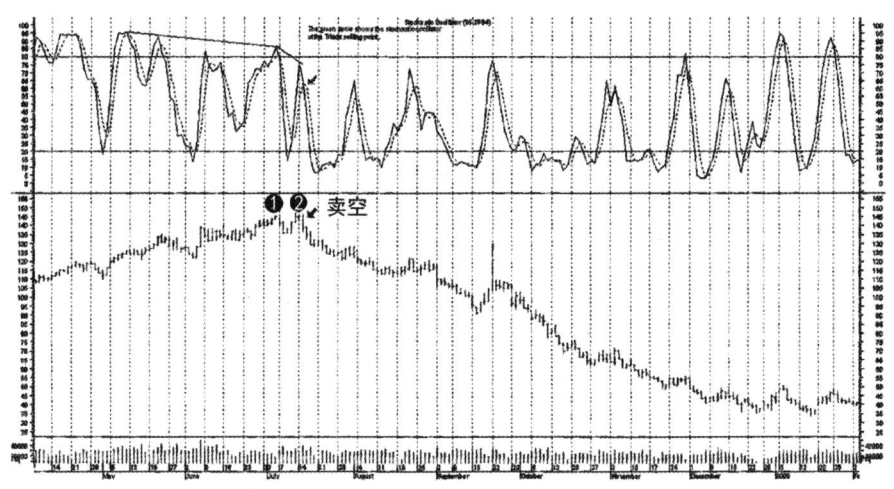

图 8-10　低硫原油期货（日线）

如图 8-10 使用随机指标去卖空双重顶。在这儿，当随机指标的快慢线交叉下行（箭头处）并在 80 之下时，那个确定了第二个顶的下降三合线完成第三根 K 线。随机指标的向下背离就是再一次的验证。

我们在下降三合线（它的反转点确定了第二个顶）的收盘价卖空。价格下跌，然后为期 6 个月的下降趋势就开始了。

三合线结合绝对偏差指标交易

绝对偏差指标（AD）是我创造的一个指标。它结合了一个统计的方法和市场结构的标准差。背后的想法是结合数学指标和市场的现实而实现两全其美。当然，这并不完全正确，因为错误信号总是存在的，不过错误程度较轻。另外，我的指标是精确定位一种市场现实的重要因素。它是一个独特的市场价格反转点，也是一个很容易直观理解的指标。

这个新的指标通过以下方式建立。首先，需要两个边界构成的通道距离是均值的两个标准差。为此，采用上下边界距离为两个标准差的布林线。这是建立指标的最简单的方法。可以使用两个标准差，因为它们包含的一个事件发生概率为95%。这意味着一切边界外的结果都是例外。

接下来，等待向上或向下的市场运动，穿过市场边界的上界或下界，然后回来并触及相反的边界。这时，标记反转的高点或低点。这个点是绝对偏差。这意味着这一高点或低点值超过了均值的两个标准差。

一旦获得一个绝对偏差点，通过它画一条水平线。这是来自市场的交易信号线。当价格再次越过这条水平线并形成三合线时，就买入或者卖出。也就是在三合线收盘价的位置上买入或者卖出（见图8-11和图8-12）。

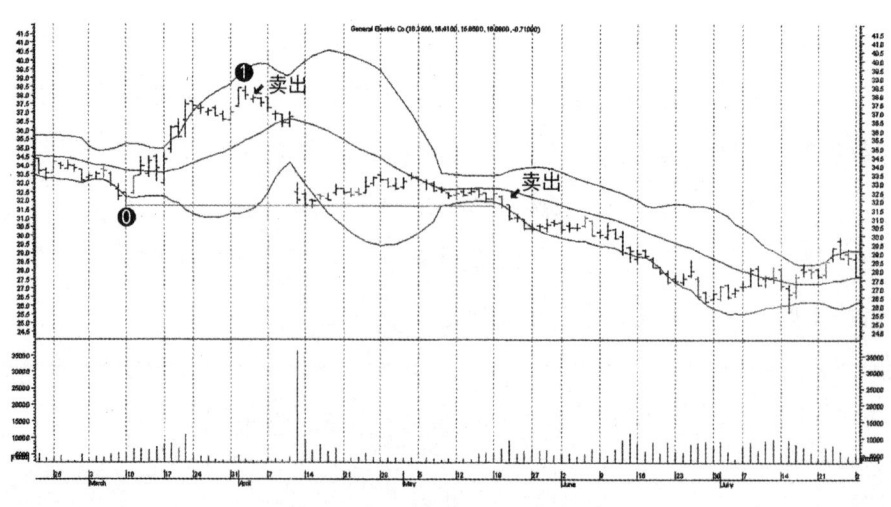

图8-11　通用电气公司（日线）

第8章 三合线结合指标交易

如图 8-11，用绝对偏差来交易的两个主要方法在这两个短期交易中呈现出来了。在下跌市场中，绝对偏差发生在较低的布林带，0 点上。只有当市场反转并接触或渗透进布林带上边界时，绝对偏差反转点 0 才被确认。只要这个发生了，我们就在 1 处的第一个下降三合线卖空。此时，价格开始下跌。

当市场在其下降运动中穿过了绝对偏差线时，就进行第二次卖空。该线是一条平行线，它由绝对偏差反转点 0 引出。我们在低于该线的第一个三合线收盘价处卖空。该收盘价在绝对偏差线之下，因此，我们卖出该三合线。卖空后，价格继续下跌，这会是一个要持续两个月的漫长的下降趋势。

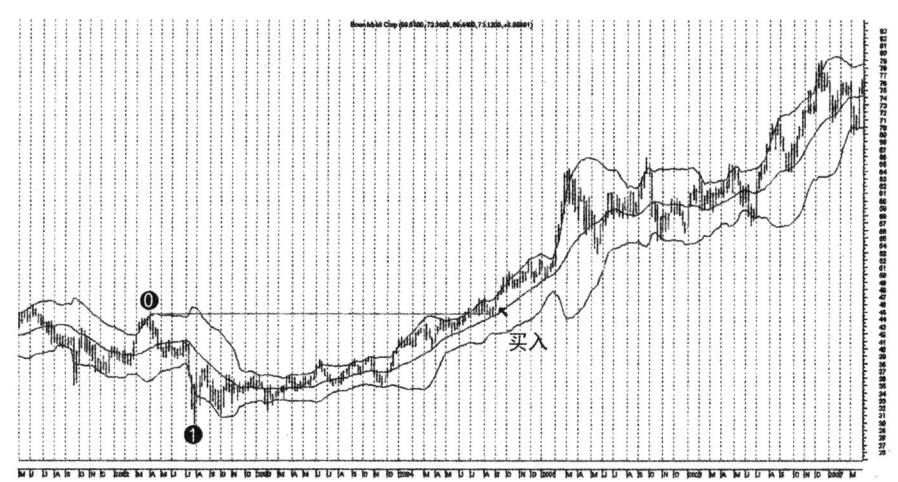

图 8-12 埃克森美孚公司（日线）

图 8-12 是多头交易的一个例子。当市场已经向相反面反转之时，绝对偏差在 0 处出现，而在 1 处为我们大家所知。在这儿，我们沿着绝对偏差线去交易。我们买进穿越该线或在该线之上的第一个三合线。

我们必须买进第一个三合线，该三合线穿过了该线，并且它的最后

— 197 —

一根 K 线拥有在开盘价之上的收盘价。价格继续它的上涨趋势。

交易的另一种方式是：在产生绝对偏差之后，就等待返回到相对的界线上，并在转向后，在形成的三合线上买入或卖出。在这个情况下，出场点可以是布林带的中值（见图 8-11 和图 8-13）。

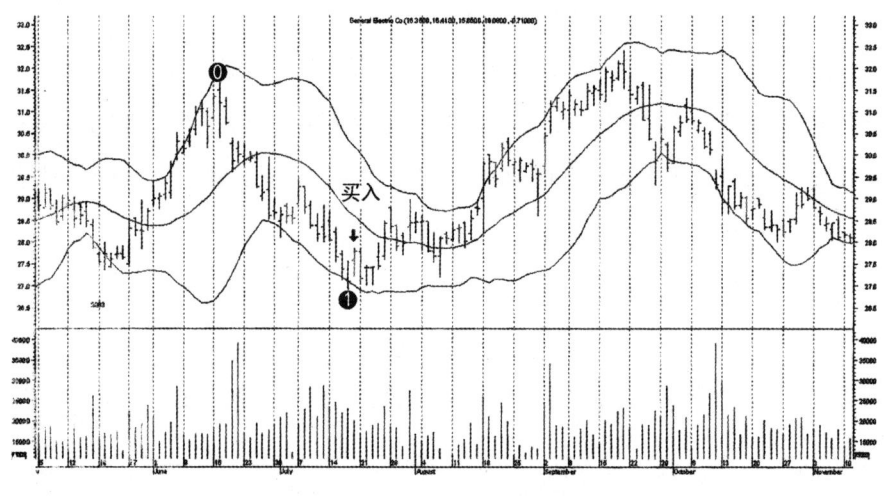

图 8-13　通用电气（日线）

图 8-13 是绝对偏差交易的第二种方法。市场在产生绝对偏差反转点（0 处）之后，转向下跌，到达或渗入布林带的下边界。此时我们在第一个三合线的收盘价买入。之后，价格开始一个新的向上波段

绝对偏差交易的要旨是，一个超过两个标准偏差的走势将耗尽市场能量。这个点被定义为关键点和信号。如果市场在一次完整的回撤再次回来之后进行突破，并且突破了那个关键点，将建立起一个新的价格标准，它将为市场提供动力，直至到达新的平衡点。这就创建了一个新的趋势。

突破绝对偏差基点需要一个巨大的力量。当绝对偏差点第一次被创建出来时，它意味着非常强烈的抵抗或是非常有力的支持。这就是为什

么一个绝对偏差点不是每天都能被突破的原因。

绝对偏差同样可以用来分析市场，它是标志一个重要事件的信号。达到这个极端和非常不可能的点是一个测试，它告诉你市场在不久的将来将爆发到一个新的价格水平。

第9章 三合线的形态交易

顶底交易

在要交易的形态之中，最强烈的是三重顶（底）和头肩顶（底）

我们仍然要学习怎样结合一些关键形态来使用基本结构进行交易。我们已经解释了怎样进行顶底交易，而不管它是单一的或多重的。

在这儿，我们将关注最强大的顶底模式——三重顶（底）。到目前为止，这是要交易的最强大的形态。事实上，你只有交易它们才能在市场中获益。当讨论三重顶时，我们必须对真实三重顶和虚假三重顶进行区分。为此，我们必须认识到三重顶是市场盘整，在其中价格正在测试上层区域，也就是在那里它们遇到了阻力。

许多看起来像三重顶的横盘会被向上突破。三重顶直到市场反转且是向下反转之时，才成为三重顶。只有当市场已经证实了其反转之时，三重顶才成立。

有了这个警告，我们来讨论一下怎样最好地交易三重顶。

三重顶交易和头肩顶交易

三重顶交易的方法就是等待它完全形成，然后再等待一股强烈的向下推力。这股向下推力可能来自于那个确定了最后顶点的下降三合线的最后一根 K 线。要想拥有一个推力，你就需要一个拥有非常长的幅度的三合线 K 线，并要尽可能靠近 K 线低点。你也想要三合线的最后一根 K 线在三合线的第一根 K 线之下收盘。我将该三合线称之为强力三合线（见图 6-22 和图 6-24）。

除此之外，你也需要一个已经发展完整的市场周期。要想拥有一个完整的市场周期，你需要让市场拥有一个三重底和一个上升趋势，而该上升趋势是由包括横盘和缺口的复合波段所创建的。该趋势必须拥有一个突破缺口、一个测量缺口和一个衰竭缺口。

所有这些元素增加了三重顶的判断成功概率。一旦转折阶段、趋势阶段、盘整阶段和转折阶段这四个阶段完成，那你就拥有了一个完整的市场周期。当一个完整的市场周期从一个三重顶到另一个三重顶，经过包含缺口和横盘的下跌趋势、一个三重底以及包含缺口和横盘的上升趋势，最后结束于你选定的三重顶，该市场周期是最强烈的。

当情况如此时，你就能使用强力三合线来开始交易。

在交易三重顶时还有一个元素——盈利目标。

三重顶和头肩顶盈利目标

盈利目标是在交易任何系统时的一个基本元素。从某种程度上说，交易任何系统的真正秘诀是在创建目标之中。目标是重要的，不仅是因为它们给了我们交易的可能性。有一个不为多数人所知但更强烈的原因，它和资金管理有关。

还记得我们说过交易者进行风险交易和风险来自于错误的信号吧？这就是说避免错误信号的唯一方法拥有一个交易系统，在该交易系统

第9章 三合线的形态交易

内,资金管理使系统可获利,尽管也会有损失,甚至有巨大的损失。因此,在最终的分析之中,好系统和坏系统之间的不同就是好系统尽管有亏损但最终能获利。

资金管理和基本市场结构以及其反转点、波段、三合线、阶段和形态连接在一起。这就是为什么不进行资金管理的交易方法必定会遭受损失。可以想到的现存的最好方法也是如此。"不进行资金管理"可理解为"不会获胜"。

三重顶交易系统要想成功的主要元素之一是风险/回报比率。你所应当追寻的是三倍的风险/回报比率。这就是说每一个盈利交易所得到的回报是在亏损交易中所亏损数额的三倍(见图9-1)。例如,如果在交易三重顶时,你在每次亏损交易中损失100美元且在每次盈利交易中盈利300美元,那么你的风险/回报比率就是3:1。也就是说,如果在10次交易中,你亏损了7次而盈利了3次,那么用回报/损失比率来算,你还是挣钱了,交易还是获胜了。

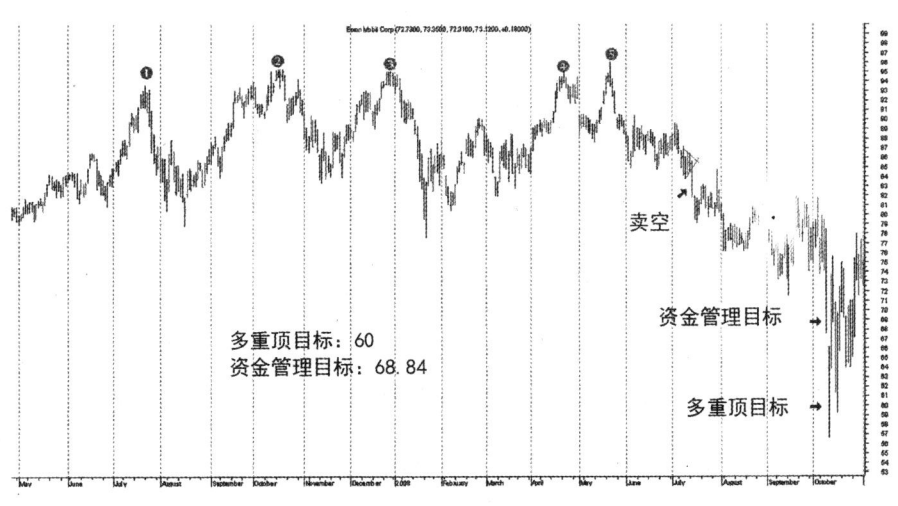

图9-1 埃克森美孚公司(日线)

图 9-1 是使用资金管理目标和形态目标进行短期抛售的一个例子。资金管理目标被包含在形态目标里。该形态目标是通过采取多个顶部最高反转点和最低反转点,并将其向下投影来获得的。它提供给我们一个 60 点的形态目标。

我们在突破三合线中卖出对称三角形。止损点在三合线最后一根 K 线的高点,而我们是以收盘价在该三合线卖出。按照 3 倍的风险/回报比率,给我们提供了一个 68.84 的资金管理目标。

因为资金管理目标被包括在形态目标之内,就可以采取短期交易。价格下跌,并第一次撞击资金管理目标,然后再撞击形态目标。如果说存在交易圣杯的话,那么这就是。

如果一旦达到了利润率,你就退出所有的交易,那么你就是一个获胜者。这就是为什么所有的出场方法必须从属于你的风险/回报率。这也就是说,你的风险/回报率是你在交易或投资时的第一个也是唯一的一个真正的目标。

忘记错误信号和亏损,将精力集中于风险/回报率之上。如果你在应用它时盈利了,那么从理论上来说,你就拥有了一个盈利系统。该风险/回报目标就真实地确定了交易者在交易模式时的目标。当交易三重顶时,设定目标背后的真正原因就是确保你的盈利风险/回报能达到。

总之,模式中目标设定的真正秘密是达到资金管理的一个主要目标——盈利性风险/回报率。可以这么说,这儿就是在交易三重顶时你的第一个也是你的主要规则:你只能在符合风险/回报率时交易。在我们的方法中,你获得一个可能性的利润,该利润是你可能亏损的三倍大(见图 9-1)。

当你在三重顶的反转高点的三合线上卖空时,如果你把止损点放在

第9章 三合线的形态交易

了反转高点或在它之上的一两个点,那么从你的入场点到三重顶的短期目标的获利目标就必须至少是你可能亏损的三倍。如果情况不是如此,你就绝不能进入交易。再强调一下,"模式目标必须和风险/回报率相一致",这一点非常重要(见图9-1)。

基本市场结构使得为任何形态辨别目标都非常容易。但三合线确定波段反转点时,这些反转点就是形态的分界线,就是在此树立了一个目标。在三重顶中,目标是通过辨别三个顶点的最高的高位三合线反转点所确立的。接下来,你就要辨别最低的低位反转点。然后,测量从高点到低点的距离,并计划下次测量。这就是你的目标。你所使用的目标就是一些经典的技术分析。反转点和三合线使得辨别测量长度的工作更简单。

风险/回报目标就是你的第一个出场点。从那以后,你就能通过收窄移动止损而保持交易。但是,主要的出场标准还是那作为风险/回报率的盈利目标。

我们来讨论一下怎样交易三重底。

三重底和头肩底交易

三重底交易的方法就是等到它完全形成,然后等待一个强烈的向上推力。向上推力来自于那个确定了最后底部的上升三合线的最后一根K线(见图6-17,图8-4,图8-6,图8-9和图9-2)。

要拥有一个完整的市场周期,就要让市场拥有一个三重底和形成了复杂波段、盘整和缺口的上升趋势。从理论上来说,该趋势会有一个突破缺口、一个测量缺口和一个衰竭缺口。

图 9-2　标准普尔 500 股指连续图（周线）

这是在图 8-6 中的前期交易的继续。我们的买入点是在多年牛市开始时。

三重底和头肩底盈利目标

就三重底和头肩底来说，盈利目标是通过辨别三个底部的最低的低位三合线反转点来设立的。接下来，就要辨别最高的高位反转点。然后，来测量从高点到低点之间的距离。这就是你的目标。

如果三重顶目标考虑到你的风险/回报目标，那么它就是你的第一个出场点。那样，你就能通过收窄移动止损的方法来继续交易。但是，主要出场标准一直是作为风险/回报率的利润目标。一旦获得了风险/回报目标，移动止损就使你能继续交易。当该形态目标大大超出了风险/回报目标，那么继续交易并期望进一步获益也是符合逻辑的。

但是，收窄止损作为一种不需要去忍受没必要的风险的方式，它也是极为重要的。一旦获得了盈利性风险/回报率，该交易也就结束了。

第9章 三合线的形态交易

所有的额外利润，不管它们可能是多大，在已经获得了该风险/回报率之后，它们就没有理由再待在市场之中。这就是大家建议收窄移动止损的原因。也就是说你不允许自己给你的风险/回报率增加风险，因为这会违背资金管理背后的逻辑，从而导致你的系统失败。

现在，我们要解释一下交易三角形。

交易三角形

三角逻辑

三角形有自己的市场结构逻辑，它们一般是在一个趋势之内的盘整阶段，由三合线和反转点所确定的市场波段的振幅变得更小了，从而就创建了那些与三角形相似的形态。我们所要去观察的主要特征就是正在减小的波段振幅。这就是说你不能追寻完美的三角形态。有些形态发展得很好，但有一些并不是如此。

振幅减小的意义是净买入和卖出的量不确定。这个不确定的状态就减少了买入或卖出，也或者两者都减少了。在第一种情况中我们有下降三角形；第二种情况中，我们有上升三角形；在第三种情况中，又有了对称三角形。

我们不妨想象这样一个市场，在那里只有两位交易者，一位只有待售的股票，另一位只有买进股票的钱。有股票者有10股要卖出，有钱要买进者有100美元。卖者以1美元的价格卖出了他的第一股。他成功了。就因为以那个价格他的股票被别人立即买进，因此，他就认为可能他的股票卖得太便宜了。然后他就以2美元的价格卖出第二股。他又一次成功了，他的股票以上一次双倍的价格卖出去了。然后他又试着以3美元卖出第三股。他还是成功了。

在这两个交易者中，不仅是买进者和卖出者的数量相同，买进量和卖出量也是相同的。卖方一次卖出一股，买方一次买进一股。不同之处不在于卖出者和买进者的数量，也不在于卖出股和买进股的数量对比，而在于买方和卖方所预期的价格。

我们继续讲这个例子。卖方已经卖出了三股，每一次卖出都比前一次卖出要高出一美元。现在，他觉得他能以 4 美元的价格卖出他原始的 10 股中的第四股。他开始卖出他的第四股，但这次买方就没买，并只同意出价 3 美元。买方对市场是否能那么容易涨到更高价格持怀疑态度，并认为 3 美元的价格很合理。作为卖方的交易者就以第三次的价格卖出了第四股，这时就出现了盘整。价格暂时稳定在 3 美元的水平。

出现衰竭的不是要卖出股票的供应量，也不是买进股票的资金，而是对价格的期望值。尽管买方交易者还有可支配的资金，但是不会以超过 3 美元的价格买进。

现在我们来想象一下，在下一次交易中，买方甚至都不愿意花 3 美元买进，而卖方不会以低于 3 美元的任何价格卖出，那么情况会怎样？如果没人愿意买进或卖出，那么价格的波动性就减小到了零。

此后，只要他们中有一个愿意买进或卖出，那么突破就产生了。这也就是三角形所发生的情况。这是指减小的振幅其实是买进股和卖出股在一个特定价格范围之内的拔河比赛，这是一个有关价格的对抗，其结局就依赖于对抗双方的期望值。当卖方不想以低于某一特定价格卖出而买方不想以高于某一个特定价格买进时，就出现了水平上的振幅。在其拔河比赛中，买方和卖方自身失效了，市场也变得不活动了。

如果，买方认为在该范围之内他们可能买得太便宜了，那他们就会用尝试更高的价格来买进，这样就出现了上升三角形。如果卖方认为他们卖得太贵了，他们就会降低价格，如此一来就出现了下降三角形。如果买方和卖方想法一致，也就是说买方认为他们应当以更高的价买进而卖方认为他们应当以更低的价卖出，那就出现了对称三角形。如果买方试图在每一次抬价时买进越来越少的股份，而卖方试图在每一次价格连续下降时卖出越来越少的股份，那么波幅就会减小。

接下来，市场波幅会减小，直到到达了一个平衡点，在那之后就会发生突破，因为有一些决定价格方向的事情会发生。卖方剩下的股份和买方剩下的资金量爆发性地释放，这就是三角形逻辑所涉及的收缩盘整阶段，在该阶段波段的振幅因为价格未定而减小。要计算任何三角形的目标就必须测量从最低的低点到最高的高点的最大振幅，这是由三合线来确定的。

现在，我们来解释一下怎样结合三合线来交易不同的三角形。

上升和下降三角形

上升三角形是收缩盘整，其中低位反转点在上升，而高位反转点保持水平。低点上升的意义是买方逐渐愿意为价格下限付更高的价。这个接受更高价的意愿是指卖方不愿意以同样低价卖出。

这时压力就在卖方，而净交易量有上涨的趋势。向上的突破因此而成为可能。每一个盘整都只能以突破价来交易。要在突破发生之后买进第一个上升趋势的三合线。进行这种三角形交易的主要观念就是确定一个盈利目标，并且只在当它将你的风险/回报目标包含在其范围之中时，你才去交易。

要为上升三角形计算目标，你就要测量从最低的低点到最高的高点间的最大振幅，这是由三合线所确定的。

下降三角形是一个低点保持水平而高点下降的盘整。这就是说交易量在下降。卖空下降三合线的突破。

要记住，你只在主趋势的方向上交易这种下降三角形，对任何其他类型的三角形交易也是如此。我们只在上升趋势中买进，或只在下降趋势中卖空。也要记住，保持盈利目标与风险/回报率一致是在该模式交易时你要做的最主要的事情。要为下降三角形计算盈利目标，你就需要测量从最低的低点到最高的高点之间的最大的振幅，正如三合线所确定的一般。然后，你就要从下降趋势三角形的顶点减去这段距离确定目标位。

对称三角形

在该三角形之中，盘整的上下幅度同时收缩。该对称盘整是通过等待一个能在任何方向上发生的突破而交易的。正如对待上升和下降三角形一样，你首先要建立一个盈利目标。

要为对称三角形计算目标，你就要测量从最低的低点到最高的高点的最大振幅。然后，你再从两个方向上加上这段距离。

你在突破的方向上进行交易。但是，这儿有个重要提示：对称三角形通常会继续原趋势。这是由于它们都是静止的，而价格静止的位置在原趋势之内。这样说来，你就不能与原趋势相反的方向上交易对称三角形。

交易该三角形的关键问题是，该三角形的自然盈利目标达到你的风险/回报率。

发散三角形

发散三角形也叫扩音器，它是一个渐进式提高其振幅的盘整。波段在延伸，且越变越大，同时在渐进式延伸到较高顶部和较低底部。这就是说有些市场参与者做好了花费越来越高的价格的准备，而其他的参与者愿意以越来越低的价格卖出。反过来，这是指，市场对自己的将来没有明确的期望,也不知道价格走向会怎样。这通常(并不总是如此)暗示着市场马上会下跌。发散三角形是通过在延伸幅度的突破之后,卖空第一个下降三合线来交易的。

要计算交易发散三角形的盈利目标,就要测量从最低的低点到最高的高点间的最大的振幅。

缺口交易

四种缺口

缺口就是突然之间的暴涨,这就导致市场价格之间出现了空隙。它们预示了市场情绪的突然变化,这通常都有一个强烈的原因。因此,交易缺口能适当获利。交易缺口有四种:发生在盘整区间的缺口,紧靠盘整突破而发生的缺口,发生在趋势中期的缺口和发生在靠近趋势尾部的缺口。

要交易的唯一缺口是发生在一个趋势期间的那三个。它们分别是:突破缺口、测量缺口和衰竭缺口。测量缺口大概发生在趋势的中期,它被如此命名是因为它出现在趋势前半部分,对趋势的幅度进行测量。趋势其实是运动着的市场,它自身有力量。那时缺口就意味着突然的暴涨,这给该趋势增加了额外的力量。

交易过去的缺口

你要在目前去交易过去的缺口。你不会去交易那些发生在目前趋势之中的缺口,尽管该趋势给了我们进入点。例如,如果在双重顶或三重顶之后的前期下降趋势有三个缺口:突破缺口、测量缺口和衰竭缺口,而衰竭缺口靠近运动的底部,你要等待新的上升趋势来结束最后那个衰竭缺口。

这是指只要市场在相反的方向收盘，你就交易衰竭缺口。这只是在下降趋势已经停止，双重或三重底建立并再次发展成了上升趋势之后。当交易下降趋势时，你也要这么去做。只要前期上升趋势的衰竭缺口被新的下降趋势所关闭那你就要卖空。

你并不是只需要这三个缺口，而可以有更多。重要的是进入点要在前期运动的衰竭缺口的收盘处。

缺口进入和目标

只要一个趋势封闭了与它相反运动的衰竭缺口，你就买进。一旦这个事件发生了，上升趋势中的第一个上升三合线或是下降趋势中的第一个下降三合线就提供给了你入场点。一般来说，你以三合线的收盘价买进或卖出。

缺口交易的目标是一个趋势之内的第三个缺口。该缺口通常是衰竭缺口。当进行该形态交易时，测量前期运动（衰竭缺口就是在此出现）的幅度就很重要。该测量会提供给你关于该趋势幅度的大概价值，这样你就能确定它是否满足你的风险/回报目标。你必须这么去做，因为你并不知道第三个缺口会在什么时候出现，也不会知道它是否会出现。

退出缺口交易

要等到你触及止损或者达到了你的风险/回报目标，你才退出缺口交易，而假如第三个缺口没有到达的话，你就通过收窄止损来跟随该趋势，只要它是有利可图即可。这样，你就能停留在你的第三个缺口形态目标之外，因为你在之前就获得了预定利润率。但是，如果第三个缺口和你的风险/回报目标相一致的话，那么最好退出交易。

第9章 三合线的形态交易

现在，我们要使用基本市场结构来结束形态交易。形态交易的关键是预先建立形态目标，并只交易那些符合你的风险/回报目标的形态。形态交易像所有的交易一样，都是和资金管理风险/回报率紧密相关。因此，至为关键的形态交易决定是建立在资金管理风险/回报率的基础之上。总之，交易形态是风险/回报率的交易。

下一个章节，我们要讲述资金管理。

第10章 成功的唯一方法：控制风险

为什么你不能交易过量

新手的重大错误

交易过量是所有新手常犯的错误，至少也是大多数新手的真正问题。交易过量的话，一个人的损失可能是毁灭性的。（在杰西·利弗莫尔和 W. D. 江恩看来，交易过量是交易者最严重的错误。无论如何都要去避免交易过量。江恩的第二个著名的法则说："切勿交易过量。"维科夫也说华尔街损失本金是由"交易过量"引起的，他有一句警句说："交易过量是金融自杀。"这是所有成功交易者的普通信条。——编者注）

即使你对交易一无所知，但只要不交易过量，你也能幸存于市场之中。在你学会了有效交易并去控制风险交易之后，你就能存活下来。

开始只投资总资产的一小部分，交易不要超过30%。也不要相信你的止损。市场可能让你不断止损，而你可能会失去所有。

失败公式

我将交易过量称之为失败公式。过量交易是通往毁灭的最为确切的途径。历史上许多知名的交易专家都因为交易过量而丧失财富。他们总觉得自己绝对不会有错误，因此冒了太大的风险。

避免失败公式的最好方法就是用一个稳定而简单的交易计划。该计划告诉你有多少资产可用来交易，并告诉你怎样扩大品种和调整头寸，还告诉你怎样为你的交易系统或方法计算更多的利润率。做一切来避免交易过量。如果你是交易新手，那就只拿你的交易计划中的最小的可能数额去进行风险交易。也要试图去建立一个能用最小的可能资产去进行交易的交易计划。这通常是指拥有一个系统，该系统用3∶1的一个风险/回报率来进行长期或中期交易。

当我们陷入另一种陷阱时，失败公式就产生了，我们现在要对其进行讨论。

幻想陷阱

幻想陷阱是交易者进行错误的自我想象的结果。幻想创造了一种错误的现实感。它是建立在痴心妄想基础之上的。这使许多交易新手甚至交易老手都相信他们交易更大的头寸能侥幸成功。幻想让交易者相信他能找到避免错误信号的完美系统。

幻想使交易者变得更加贪婪，并试图将其盈利最大化。贪婪本身就是一种幻想。这种特殊的幻想是危险的。它通常建立在与现实脱节的渴望之上。这种交易者听说有系统盈利300%或1000%。就算这是真的，那么一旦你将资金管理因素放入其中，盈利也会直降到20%，甚至更少。

例如，买进期权能使你盈利300%。假如，你将所有的资产都来买期权，一旦你亏了，那你就丧失了所有。但是，如果你是一个聪明的交易者，你所冒的风险每次都不超过资产的2%，那么你的盈利大概有6%。

第10章 成功的唯一方法：控制风险

贪婪也热切地表现出每年获利 40%、30% 或 20%，这都是可能的。如果有一个健全计划的话，它有可能成为现实，但不会总是会实现。一个优秀的交易者每年能平均盈利 9%、12% 或 15%。

幻想交易者会想到金融奇才，有一个这样的奇才在过去的 20 年里每年都会盈利 40%，而另一个在 3 个月里将自己的资产增加了 20 倍。不要去幻想这些，这不会是你。

你是一个必须要有利可图的交易者。不要去听别人跟你讲的成功事件或他们的交易数额。通常在一个奇才失去了其光环之后，他的真实交易记录数据就会被披露，然后大家就会发现他所获得的远比被宣传的要少得多。

简单、牢靠且有利可图地去交易就是一种成就。不要让你这个交易者的幻想淹没了你作为一个交易者的真正个性。相反，要显露出你的真正交易个性。

要现实

现实是成为一位优秀交易者或投资者的最好方法。这就是指学习市场并用一个优良的系统创建一个健全的交易计划。如果一直在交易，那么利润会自然增长。

如果你一直按一个计划交易，并且在一段时间以内获利了，你就能不断完善你的计划和目标，该目标是建立在你的现实且真实的交易历史之上的。交易并不容易，是需要你去学习的。

要谦卑

英语中的"humility（谦卑）"一词来源于拉丁语"humus"，意指大地。谦卑和现实主义其实是同一个意思。它所指的就是你必须脚踏实地，你要明白自己是谁，要知道自己的优势和弱势。

交易者的谦卑并不是指贬低或削弱自己。恰恰相反，它是指要现实地对待自己，并让研究、学习和努力工作来代替痴心妄想。用一个健全的系统来创建一个健全的计划。那就是谦卑。

寻找合适的风险/回报率

怎样确定一个获利性风险/回报

要创建一个健全的交易系统，你需要确定一个获利性风险/回报率。就是这最终确定了你的系统的获利。另外，也决定了你的盈/亏率。

尝试下这个简单的练习。利用一下用于三合线的任何一个交易方法，例如，选择同一个三重底（在该处上升反转和反转点突破条件都被满足）之后的上升反转。现在用超过25笔交易来测试它，并要用不同的风险/回报率来测试。你观察到了什么？你的风险/回报率会改变你的盈/亏率。换句话说，你的盈利额将会被你所期望风险引发的回报来决定。

这就是说，使一个系统是否盈利的关键是风险/回报率。因此，这是一个很关键的比率。该比率将决定该交易系统是否是一个盈利性系统。我们来详细阐述一下。

你应当去做的第一件事情就是测试不同的风险/回报，并用曲线图表示它们的一个分布。该赢/亏将是风险/回报率的一个作用。现在，如果你已经这么做了，且该系统没有任何比率的盈利，那么你就必须抛弃它。但是，是风险/回报率去做出选择。假如，不用为你的系统找到任何获利性风险/回报，你就会发现3∶1比率是获利性的。然后，你就拥有了一个能用于交易的起作用的系统。

第10章 成功的唯一方法：控制风险

双目标方法

在进行系统交易时，你总能找到两个目标。它们是不可分离的，缠绕成为了一个独特的整体。这就是为什么市场结构和资金管理就像是同一枚硬币的两面。

第一个目标是市场结构目标。该目标主要回答这样的问题，如：根据市场结构，该趋势在时间和价格上还能持续多久？什么是这个双重顶突破或这个盘整三角形阶段突破的目标？

该交易目标只在风险/回报目标之内才有意义，而这只有通过测试后才能知道。如果市场结构目标满足风险/回报目标，那么在该阶段就能进行交易（见图9-1和图10-1）。如果它们的目标不满足获利性风险/回报率，那么去进行市场结构交易就没有意义。两个目标必须齐头并进，它们是不可分离的，也就是说必须在一起交易。

当将风险/回报调整到不同的水平来适应市场结构时，你的赢/亏率也会随之改变。重要的是要在最可能的低风险之下去获利。

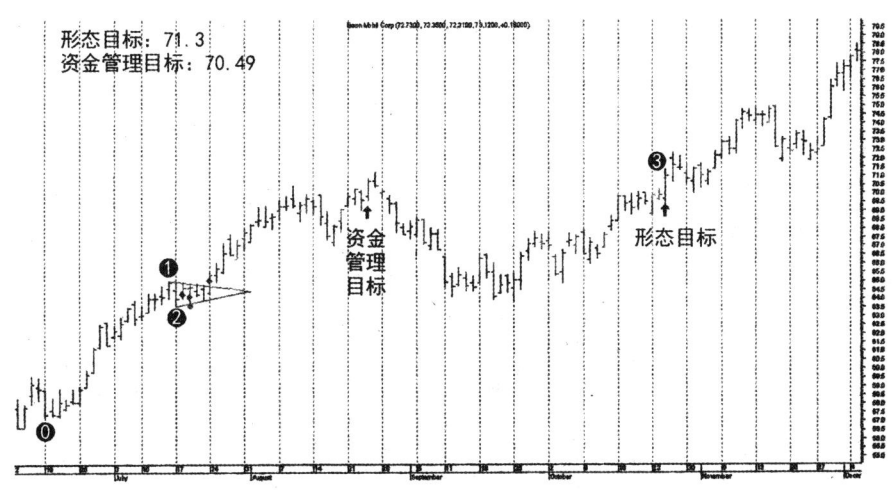

图10-1 埃克森美孚公司（日线）

图 10-1 是一个能用于交易所有形态的例子。在这儿，我们的主要目的是强调形态目标和资金管理目标间的交叉点的重要性。该资金管理目标必须是该形态目标的一个子系列，是被包含在其中的。就是这种情形发出了进行交易的信号。

在图 10-1 中，从 0 到 1 的距离是从三角形的低点映射来的。这给了我们形态目标位置了。我们在最后一根 K 线的收盘处买进三角形的三合线突破。该止损设在三合线底部。报酬被确定为风险的三倍，并且提供了资金管理目标。

资金管理目标（第一个箭头）被包括在形态目标之中（第二个箭头）。这是指，该交易能进行。一旦如此，那么价格就会上涨，一直到它实现早先设定的目标。

第 11 章 资金管理比你所想的要容易

资金管理是秘诀

如果有秘诀的话，就是资金管理

成功交易的真正秘诀是资金管理和市场结构的整合。它们都符合风险/回报率，就像我们前面已经解释过的一样。就是该秘诀让交易系统成功了。

因此，你不可能要求市场不发出错误信号，也就是说，你要放弃免受错误信息干扰的奢望。就如我们在前面的章节中所解释过的一样，不应当这么做且不应当去试图这么做。市场是一个变化着的实体，就因为我们的思想存有不同之处，因此这个被我们称之为市场的变化着的实体是未知的，它最多是那些正在我们身后活动的某些事情的接近值。错误信号不是市场的直接结果而是我们极限的直接结果。

当建立一个交易系统时，根据我们的目标将市场置于一个框架中。该市场绝不会盈或亏，也不会给出错误信号。被称之为错误信号的是未被察觉的且是我们强加给市场的期望值。例如，一个信号使市场在一个方向移动，然后在它提供给我们所预期的利润之前又开始反转。我们已经确定了利润应当是跟随着一个形态目标或风险/回报目标或者同时跟随这两者。

这不会是市场，而总是我们！因此，一个获利性系统是一个根据我们的期望值而提供足够好信号的系统。我们将这些期望证明为盈利目标或风险/回报率。统计和测试不是对市场的测试，而是对我们应用到市场的期望的测试。市场能因为这个交易信号给我们这种风险/回报率吗？这个赢/亏率和风险/回报率结合在一起能令人满意地用于我们所测试过的市场样例吗？我们拭目以待！

市场行为的真相

以此观点来看，你用你对市场行为的期望值进行交易，而不是对市场行为本身进行交易。市场现况不同，它作为一个有弹性的实体而出现。该弹性使它能够起到作用，从某种程度上来看，是因为你希望它反弹。这可以将其类比成弹性橡皮泥。你可以把它做成多种形状的模型，让它弹跳，并收缩或扩大。你那么做的时候，就将自己的思想强加于它之上了。但是，它有极限。有一些你不能处理的事情，市场也是如此。你将你的意愿强加于它之上，而市场会在一定程度上与其相符。

因此，基本市场结构有助于排除许多错误信号，因为它以一种更加具体的形式再构造了市场行为，这与你对市场所想的相关。但是，即便如此，错误信号也必定存在。这归因于永久的市场交易，在其中，如果你要求一些市场东西，就必须牺牲另外一些。例如，风险/回报率越高，赢/亏率就越低，这就是说错误信号就越多，换句话说，这就是失败的交易。

成为你自己的市场奇才

别人的期望值不是你自己的。忘掉所有那些市场奇才。对他们来说他们的目标是可达到的，你可以在市场知识上去模仿他们，但是不要去重复你从别人那里所听来的关于他们的成功。

每一个市场奇才都是他自己市场的奇才，而不是别人的市场的，像沃伦·巴菲特就不会去模仿其他人或去追求被别人模仿。每个人都有只属于他自己个性的独特风格，尽管它们可能有很多相似性。

对你来说也是如此，你必须成为你自己的市场奇才。要做到这点，你就必须用一个能让你获利的系统进行交易。你的结果不会是别人的，而只是你自己的。要做好能做到这一点的准备，而不是亏损金钱，这是一个很值得的目标。你会自己去发现成功的唯一真正的可能性。研究一个能让你获利且适合你的个性和交易风格的系统。

资金管理的逻辑

不要相信你的交易系统

不管你的交易系统多么优良，它也随时可能会失败和不起作用。所以，不要相信你的交易系统会成为一个绝对可靠的挣钱装置。

如果该系统失败了，你就应当停止用其进行交易。它应当有它自己的止损点在里面。该系统止损点是指你会允许一个有限且预先设定好的资金损失。如果你的资金损失因为系统没有像它本应该的那样去运行，而超过了一定的水平，你就必须自动停止交易系统。

其他的资金管理工具就是从这儿进入的，像资产配置、仓位大小和多样化，等等。

不要相信止损

也不要相信止损。我们在之前已经说过了，在这里再重复一遍。如果你把所有的资产都投在一个交易之上，你再设置止损来防止毁灭性的损失。

再想象一下，如果市场不执行你的止损，情况会怎样？而它发生了，我已经看到了。曾经在下跌期间，道·琼斯平均指数电子迷你期货突然在几秒之内反弹了许多点。我不知道有多少人开立了空单而没有设置止损。是的，没有止损只是因为没有时间在空单成交之后来设置止损。

这是另一个情形。想象一个缺口。在接下来的一天，一个拥有巨大缺口的市场开盘了。你就已经失去了你所有的资产，因为这个缺口远远超过你的止损。所以，不要相信你的止损。交易系统应当不用它们而来运行。

即使最糟糕的事情发生了，并且你没有去设置止损，你的系统也应当完美无瑕地去运行。系统不应当依赖于止损点而获利。总要在没有止损的情况下测试你的系统。如果有利可图那就保留它。

止损应当被用于避免不必要的损失，而不是避免风险。假设你买了一只股票，且你为这个特殊交易所确定的风险是10%，这就是指，如果该股票下跌了10%，那么你就是亏本卖出。现在，当你设置交易时，该市场结构会提供给你一个位置，让你在买进点的5%处设置安全止损。你要去做什么？你要把止损点设置在那儿，这样风险只是5%，而不是整个的10%。

绝不要相信止损会把你带出一个交易僵局。同样，也不应当相信你总有能力去控制交易环境，因为会有许多不可预料的事情发生。

学会预料不可预料的情况：最坏的事情发生了

它恰巧发生在我身上，它也可能发生在任何其他人身上。打个比方，如果你拥有健全的资金管理，而在一个健全的交易系统之内你拥有一个获利性系统。这样就没有风险，对吗？错了！

假设根据基本市场结构的反转信号你必须退出市场，但是你又做不到这一点，因为所有的通信系统都瘫痪了。再假设你必须下一个止损点订单，但是形势却使那不可能做到。

想象一下电力中断的情况，一切都不运行，没有电，没有电脑，也没有电话，而你今天又必须退出，但是你又做不了任何事情来使自己退出。更糟糕的是你清楚地知道你应当做什么，但你却做不到。然后你就对自己说这不是你的错。错了！这就是你的错，并且只是你自己的错。我们不接受任何借口。为什么？答案很简单。

当交易依赖于我们必须做的决定时，就可能会有些能防止我们这么做的事情发生。我们能在需要我们出现的地方去交易，虽然我们知道有些事情很可能不会发生。但是，不可能发生的事情却确实发生了，而我们能保护自己恰在那个时候不在那里。

尽可能自动掌控一切

保护你自己，并去远离那些阻碍你能力的事情，要做到这点的办法就是让一切都尽可能地自动化。即使在任意交易时这都是有效的。一个优良系统在任意交易和特定交易中是没有差别的。

拿形态交易来举例，我已经解释过了模式目标是怎样结合风险/回报率而使用的。我们把你称之为自由交易者。你在市场中搜寻有利可图的形态来进行交易，这说明你有一个系统。因为前面已经测试了你将要交易的形态，并证实了它满足一个风险/回报率和赢/亏率。你也已经合并了其他的资金管理工具，像资产配置、仓位大小和多样化，等等。

总之，你拥有一个系统。实话说，你不是一个自由交易者，因为你只是选择了你要去交易的形态，而不是让软件或一个自动选择的系统去为你做。即使是随便在一个系统之中，几乎一切都是自动的。只有对要去交易什么和什么时候去交易是你自己要去选择的事情。

我们那么说的意思是，一旦你已经进入了交易，所有接下来发生的都在控制之中，或者大概如此。因此，最大的损失和从头寸中的退出都应当尽可能自动化。如果这不可行的话，就要去考虑最糟糕的情况，也要预先采取每一个保护性措施。

这些措施的第一个就是你的止损点。它不仅会保护你免受不必要的损失，也能保护你免受市场危机。但是，不要只依靠止损来免受市场危机的影响，原因我们前面已经给过了。真正的保护来自于你的资金管理工具。现在我们要对其进行检测。

资金管理工具

数据可能有误导性

复杂的数学运算不总是最好的工具。数据有可能有误导性，尤其当进行资金管理时。不是运用先进的数学运算就有用，而是盈利才有用。老交易者的交易经验比设计精巧的数学概率要好用。有关这种情况的第一个证明是简单的市场结构模型会比指标分析给你一个关于市场行为的更好的描述。原因是市场结构与整个市场关系更为密切，而指标只是隔离一个方面来进行数学化操作。该结果是对全部错误信号或在数量上有提高的错误信号的错误感觉。

就如所证明的一样，这并不是指排除市场指标，而是在市场结构背景之内谨慎地使用它们。指标如此，资产配置和多样化公式也是如此。过去使用过的真实的方法是最好的。这里的一个例子就是马科维茨多样化的方法，那并不简单。

第11章 资金管理比你所想的要容易

简单的资产配置方法

哈里·马科维茨在1990年获得了诺贝尔经济学奖。他因什么而得奖？就因为他发明了一种最好的资产配置方法。问题是应怎样去分配资产以至于达到交易风险最小化，对此问题他已做出了回答。

马科维茨创建了一个复杂的资产配置公式。对马科维茨来说，用于一个指定投资的资产配置依赖于该投资的历史性市场行为。马科维茨根据存在于投资中的历史性关系将资产分配到必须被分配资产的资产中。简而言之，在他的资产分配公式中资金不是平等分配到所有资产中的。

马科维茨也根据他那获得了诺贝尔奖的公式来分配自己的资产吗？他并不如此。为什么？因为它不是最好的公式。那么马科维茨做了什么？他用了一个早期的传统公式。当投资自己的资金时，马科维茨把它的资金平等分布于资产类别，他把他的资金平等分布到N个资产类别中的每一个。这很简单。

这种平均数量的分布是交易的直觉公式，它的公式就是$1/N$。投资者已经合理依赖它几个世纪了，就好像是我们通过交易而获得的第六感，而投资历史依赖于该公式。当开始一个测试相比许多理想化的资产配置系统（包括马科维茨公式）时，它们中没有一个人能胜过早先的交易者和投资者所使用的永恒公式——$1/N$公式。

总之，该课程就是去平等分配你的资产。分配$1/N$到每一个资产类别中，保持它简单，如此更好。

我认为在决定由多少资产要分配到交易中和有多少资产要分配到现金或其等价物时，该资产配置公式应当被作为一个界限或限制来使用。也就是说，$1/N$应当是最大的，而不是最小的。绝不要将多于你的资产的50%分配到交易或投资工具中；绝不要将少于你的资产的50%分配到现金或现金等价物中。这么做会给你额外的保护。

例如，如果你有两个资产类别，就不要将50%以上的资产分布到交易中。你可以分配50%或更少。在这个例子中，我们假定没有被分配于交易中的资产将会分配于现金或现金等价物中。

要分配你的资产，主要的实际考虑就是，有多少要分配到交易或投资中，有多少要分配到现金、短期国库债券或货币市场基金中。你应当将你资产的50%分配到现今、短期国库债券等之中，而将另外的一些用于投资。这应当是最大数值。因此，10%的非现金投资亏损相当于5%的资产亏损。

但是，在交易时有其他的时间测试分配。江恩将总资产的10%分配到交易部分。其他的交易者使用30%或25%。我们建议交易之时不要将多于总资产的30%用于交易，且要保持现金或其等价物的平衡。交易资产的30%能使你在每笔交易中都有10%的止损，而在每笔交易中对你的整个资产却只有3%左右的风险。这是能用于交易的一个很好的数据。

将你资产的30%用于交易，最多也只允许高达50%，但是绝不要再多了。将余下的用于短期国库债券或货币市场之中。

简单的多样化方法

1/N公式对于投资或交易工具的多样化迟早会有用，但对资金或等价物除外。这不是最好的方法。分配相等数额时，你就拥有了最适宜的条件。你也在市场历史之外。该分配并不依赖于每一个工具的特殊行为，平等就是该规则。它不仅证明了是最好的公式，也简化了你在交易投资中的资产分配。

那么，你应当将资金分散于多少工具、股票或商品中？交易智慧告诉我们要分散到3~12只股票或其他的工具中。这么做的原因是，在信号起作用时，它们不会所有的都在同时亏损（利弗莫尔过去总交易8到12只股票。这些股票来自于四个不同的领域。这就是说他过去对每个领域都买2到3只股票。史都华德也在20世纪50年代期间建议拥有8到12只股票。江恩在其法则中建议交易4或5只股票。——编者注）。一个有效信号经常会失效，这不是因为该交易错误，而是因为一个特定工具的市场行为是不可预期的。要弥补这些例外，你就需要扩大品种交易。

市场会不可预料地反转，因此很可能所有的交易都会亏损。即使是多品种交易的话，也可能发生会亏损平均分配的情况。因此，如果多样化交易的话，你的亏损会更少。不稳定性也会随之消除。

用这种方法，你就能自动地将盈利最大化了，而不用在事发之后人为地去优化信号来适应市场。多样化交易是一个强大的工具，它能将风险最小化，并能增加你的全部利润。将你的资产平均分配到不同的资产类别中，并将非资产类别进行多样化交易，这样能使得你的系统自动化。只用30%到50%的非资金来限制你的最大亏损。

将交易工具多样化后，下一步要做的就是减小风险，并尽量使自己的交易自动化。即使你被强制平仓，你的资产也只面临最小的风险。这是交易或投资的必要条件。

用于入市和退市的简单头寸方法

在入市和退市时限制风险的另一个方法就是渐进式地进入或退出，而不是都同一时间买进后再卖出。交易者拥有大家都知道的头寸规则数量。利弗莫尔将资金分为5份。如果是多头持股的话，价格上升了一个点，那么前三份头寸就逐一增持；如果是空头的话，下跌了一个点就逐一增持。最后两份同时增持。日本的交易权威本间宗久则将资金分两份。

这两个系统都不错。但是，首先进入一半，然后进入另一半，这种方法是一种简单而有效的技巧。

退出市场也是如此，本间宗久建议交易者在交易要结束时退出70%到80%的头寸，将余下的继续留在市场作为额外的获利。另一个技巧就是在要结束时退出所有的本金，只留下你的利润用作进一步的发展。最常用的方法就是在获得了一定的利润之后退出一半，将另一半留下作为进一步获利的资金。

在达到了风险/回报率之后，你就应当至少退出一半。我更倾向于本间宗久的公式，也就是退出你的头寸的70%到80%。一旦你这么做了，无疑就减少了止损。

必须控制贪婪：事情不会像表面那么简单

控制贪婪可能是最重要的工具，这是必须要做的事情，因为贪婪是一种会使自己几乎严重失明的方法。防止贪婪偷偷滋生的最重要方法就是防止交易过量。如果你将所有的资产都投资于一种股票，并相信你的止损或寄希望于市场会复苏的话，那就要想象一下，如果在2007年，将资产投资于雷曼兄弟（现在已经破产），或者投资于连续亏损的花旗集团，那会是一种什么情况？为了最大化获利而投资你所有的资产也是一种不控制贪婪的方法。你必须同要最大化利益这个想法做斗争。不要试图去寻求最大化利益，但是要去追求良好的交易和投资习惯。

不要让自己成为一个幻想交易者。可能你不再依赖于与交易或投资相关的小建议，但是如果要成为一个成功交易者的话，你仍然要依赖于它们。如果每年交易都连续获利9%，那么你就成功了。你要掌控你的方法，这就是你的目标。

你的内心幻想会潜进来告诉你有人在过去的40年里每年都获利

30%，那么不要去听这些关于让你去将你的利益最大化的话。留些利润给你的系统和市场，并尽可能地按照你的计划和系统来交易。

过量交易的魔鬼影响你的另一个方法就是说服你，要做好准备去坦然接受50%或30%的损失。这个确实发生了。看到你的测试和交易系统，尽管一年有50%的损失，但是在接下来的几年里它会弥补该损失。将这个不可预期的坏年成也考虑进去，你会发现你每年的平均损失在2%以下，而你的系统平均每年在交易股票中获利29%。你暗自告诉自己，这是一个不错的系统，它确实是。但是，你的幻想交易者会很轻易地看到自己在处理50%的亏损。

不过，这儿有一个问题，你的幻想交易者并不是你。它以另一种方式又一次证明了自己的贪婪。要警惕贪婪和你内心的幻想交易者。学会为每一个系统想象最为糟糕的情况。

亏损一旦出现，就会在心理上摧毁你。该系统必须止损。面对这种情况，你所有要去做的就是拥有一个良好的资产配置。如果你将一半现金和一半资产用于投资，外加一个止损，这种投资就会保持良好。你不这么去做，因为你内心的幻想交易者曲解了现实，并告诉你将所有的资产全部投资都没有危险。现在，你知道不能如此。

第12章 如何寻找一种真正起作用的交易系统

起作用的是它的主要元素

起作用的系统

大多数交易方法都是起作用的。但是，有一个条件：该系统必须由基本市场结构支撑，如果不这样的话，该系统就不会起作用。

看到市场结构系统的本质，在它们里面，你会发现波段交易系统、趋势交易系统、形态交易系统，甚至建立在指标之上的交易系统。例如，唐奇安系统就是建立在市场原理的基础上的，并且在起着作用。

稳健系统

一个真正起作用的系统不仅必须是由市场结构支撑，也必须是稳健的。这就是说它不需要刻意去进行优化就能在任何市场条件之下进行交易。你不需要将这些系统来适应市场。

一般来说这些系统总是能起作用的，只是有时好，有时却不是如此好而已。在盘整阶段，它们就不会起作用。在这些阶段之中，它们也不会或者说几乎不会给出信号。

之所以说它们是稳健的，是因为它们是被当作背景而建立在市场结构之上的。

交易市场结构系统

为什么我相信交易市场结构系统是最好的方法？这就是原因。有许多这样的系统，不管是新还是旧。像老专家中的邓尼根或近期专家汤姆·迪马克和约翰·克雷恩这些人的系统都是最好的（威廉·邓尼根、约翰·克雷恩、汤姆·丹麦、W. D. 江恩和杰西·利弗莫尔都是创始人和交易者，他们都将自己的观点建立在市场结构之上，而不是建立在指标之上。这就是为什么他们对市场的理解以及他们的交易方法都能真正起作用，并且是优秀的交易方法。这些创始者都值得好好学习。——编者注）。

交易形态也是一个不错的交易方法。形态很强大。麻省理工学院的卢教授做了一个有趣的实验，在观察和研究了上千种形态之后，他提出了能真正起作用的八个主要形态。如果你知道怎样去处理它们的话，就有许多其他形态能起作用。但是，我提到卢教授是为了强调被完美建构的形态交易系统的稳健性。

市场的直接行为才是在他们系统中关键性的决定元素，在我的系统中也是如此。

建立在指标之上的交易系统

建立在指标之上的交易系统也能起作用。在这些系统之中，我更欣赏移动平均数系统，特别是用于中期和长期交易中的。它们不仅有用，同时还告诉我们，我们应当开始观察市场。

我喜欢交叉移动平均数甚至是简单的移动平均数系统，但是，用建立在其他指标之上的系统交易也都是正确的。

第12章 如何寻找一种真正起作用的交易系统

真正的危险在于选择交易系统之中

最大的危险不在于选择了错误的系统，也不在于不停地更换系统，这使得它没有起作用的机会。这儿我们要对这个关键性课程进行详细解释。如果你这么做了，成功就会到来，这是必然的！（作者建议新手交易者首先要专门去只精通一种模式。——编者注）。

关于秘诀的秘密

最好地保守秘密是为能让大家所见

大多数著名的系统都起作用。圣杯就在你眼前，只是我们的小我意识在限制着我们。痴心妄想、贪婪和忽视都在把我们的注意力从不证自明的真相中转移开来。

系统处于真空中时不起作用

你想知道交易系统不是什么吗？它们不是一系列要去跟随的信号，不是形态，不是移动平均线，也不是给出买进或卖出信号的指标。

举个例子，假定你买了一本专门讲述图表模式的书。接着，你读了它。然后，你开始交易。这是你绝对不应该做的事——除非你想失去交易的全部。可能少量的交易者成功了，只能说这是幸运。这种幸运反倒是更糟糕的事。

没有哪个交易模式或交易方法能单独起作用。没有资金管理，你肯定就会亏损，因为没有交易模式或交易方法能孤立起作用。例如，你可以选择一个模式来交易。我们来看下会发生什么。你用你的模式来交易并在应当入市的时候进入了，并在模式目标处退出。如果你这么做而没有一个合适的风险/回报率，那么就会亏损。如果你没有盈利性赢/亏率而去交易该模式，那么你也会亏损。

任何一个交易模式或方法都不会自己去盈利。赢/亏率甚至都不依赖于你正在交易的模式或方法。这也就是说，信号和交易以及系统本身说明不了任何事情，它们什么都不意味。

交易是另一回事。如果只结合入市点、退市点和方法，那么交易就什么也做不了。交易是一个必须被连续创建的复杂结构。

心中必须有计划

要交易，就必须建立一个计划。要建立计划，你首先就必须将交易方法同交易管理工具和资金管理工具结合在一起。要做到这点，你就必须遵循一个能准确告诉你要应用什么方法的计划。要一直跟随该计划行事，一直到你拥有一个考虑到所有因素的交易计划。如果没有这个计划，你就会将计划中的因素胡乱结合在一起，这样就会缺乏一种整体意识。要创建交易计划，你需要一个能告诉你在哪里开始又在哪里结束的路标。

这个计划的首要元素就是你的交易方法。首先，你必须选择恰当的方法；接下来，你要将交易管理工具，也就是给出了有效性的比率，添加到你的方法之中；然后，你再将资金管理工具增加进来。一旦这么做了，你就拥有了一些能用于交易的东西了。

下面来讲下一步。

用系统原型交易

这是交易计划的下一步。一旦你选择了一个方法，并已经将交易管理和资金管理整合到其中，你就必须去交易，去看它是否像所期望的那

第12章 如何寻找一种真正起作用的交易系统

样起作用。此时你还不在系统的交易阶段，而是在探测阶段。你现在必须根据整个计划来将可支配的资金分配到交易之中。

测试阶段你会投入一笔资金。用这笔资金测试你的系统，当然也包括学习的费用。把这笔资金当作一笔经费。

我们可以将此推理到一家备受关注的石油钻探公司。一旦该公司认为某个地区很有可能有地下石油，它就会花费几百万美元去钻几个洞，以便于发现那里是否有石油。大多数都会失败。该公司所投资的资金就意味着在探测中要亏损，这种情况会一再继续，一直到该公司找到了藏有石油之处为止。在交易中也是同样的道理，一旦一个拥有所有交易管理和资金管理工具的系统被以书面形式作了彻底的检测，那就该进行下一个阶段的工作了。

在该阶段，必须用金钱去冒险来测定该交易原型在真正的交易中是否像预期的一样起作用。该系统也需要调整。每一个系统都需要被调整和调试。因此，你需要去探测被分配到这笔最终测试中的资金。在测试中，也需要将心理学交易工具添加进来。即使用了最好的系统，亏损也会产生情绪影响，这种影响是必须要去处理的，因此，用最好的心理学工具去为此做好准备就显得尤为重要了。

第一个工具就是你的知识，该知识使得你的系统在真正的交易中起作用。这就是要在真正交易中进行测试的又一个原因。也正是如此，你才会对自己正在交易的系统充满了自信。其他的心理学工具使你能够保持平静，并可克服你的系统带给你亏损后导致的情感影响。这是很重要的，尤其是当你开始交易你的系统的时候。

其他的心理工具被用于减少亏损所带来的情感影响，由此来假定该交易系统真正起作用。它们可被延伸到这些活动中，像散步、瑜伽、慢跑、喝咖啡小憩或出去吃午饭。最好的活动就是重新检测你所用来交易的系统的统计数据，以便于加强你对它的信心。你应当把亏损当成是要获得整个系统成功所必须的。明白了你拥有一个起作用的系统，并且你没有过量交易，那么你就会从亏损交易的情感影响的 90% 中恢复过来。强化该信仰的方法就是，当你遭遇了亏损交易的时候，在答题卡的左手边写下你所有的消极感情和思想，并在答题卡的右手边写下所有表明你的系统起作用的原因。

真正的交易开始

一旦所有这些都归位了，那么真正的冒险就开始了。现在你要开始带着盈利目标去始终如一地用你的系统进行交易。真正的交易就从这里开始，你在以前所做的一切就是为这一刻而准备的。在遵循所有这些步骤的过程中，你就已经获得了成功交易的真正秘诀。如果真存在"交易圣杯"的话，这就是。

现在，我们要进一步讲一些主要的交易管理和资金管理方法。

边界逻辑和资金管理

考虑"比率"，而不是"系统"

在这里我不想把所有的资金管理工具都告诉你。有许多关于这方面知识的书籍。但是，我想要告诉你有关金钱管理的重要思想。

这些思想中的一个就是你首先考虑的是比率而不是交易系统和交易方案。不去试着找到没有错误信号的完美方案，而要去挑选出一些你感兴趣并且看起来有效的方案。这仅仅是最初的方法。你知道错误信号是不可避免的。你也知道盈利/损失的比率取决于风险/回报所占的比率。就它们本身而言，方案无所谓盈利或损失。因此，你知道为了避免错误信号宁肯失去时机也比得到一个错误信号要好。

第12章 如何寻找一种真正起作用的交易系统

这样，你有了一些你想要去测试的方案。举个例子，你想在一个趋势中测试支撑及阻力位交易方案或测试三重顶交易方案或测试关键点突破方案中的市场反转交易方案。可能，你想要将指标和市场结构联系起来作为交易的参考。这都没关系。你从那些你已经选好的喜欢的方案中拿出一个，接下来就去确定你需要做什么。

为相同的系统测试不同比率

你开始测试上面方案的不同资金管理比率。你为不同的风险/回报率来测试它，并去检查你所获得的盈/亏率。也结合这些比率来计算你的资产配置。你是在使用全部的10%来交易还是使用了30%？你要测试其股票种类，你是要交易一股、两股、三股、五股还是更多股？

你必须用其盈/亏率来测试许多风险/回报率，以此来适应你的方法，并选择它们的最恰当的组合。试图将你每笔交易的亏损率保持在3%。如果少于此的话，当然更好。这么做了，你就会获得风险/回报率的一条曲线和相应的盈/亏率。这就使你能够选择最好的那个，也能找到最合适的止损点。你就会获得对该景象的观点，可以说是对你交易方法的景象的观点。不要在这儿停止，要记住，你已经选择了一些可能的交易方法。你现在必须将该比率曲线应用到其他的方法中去。这会让你最终能选择一个作为你的交易系统。

最好的比率可能违反直觉

当测试风险/回报率和盈/亏率时，你可能会更倾向于用一个拥有许多小利润且只有少量亏损的系统。在测试时，该系统可能最开始看起来像是有利可图。如果你减少了风险/回报率的话，那么一般会提高你的盈/亏率，这么做是对的。你可能认为盈利次数多就会使交易者在心理上觉得该系统更能获利，也更易于交易。

有些系统能反转风险/回报率并长期盈利，比如，一个拥有0.50的止损和0.25盈利的系统。我们在邓尼根的方法中发现了该系统。该系统可能很危险，因为有一小部分亏损会使该系统亏损，你就必须止损。如果你继续交易的话，就不会知道损失什么时候停止。

就是这个时候违反直觉的比率是最好的。你认为小部分的盈利和非常少的亏损会增加你额外的信心吗？错了！事情恰恰相反。为什么？接着往下读。

想一下这样一个系统，在该系统中10次中你赢了8次。在10次交易中，你总共赢了2美元，而你的两次亏损量总共是1美元，这就是说你每次盈利0.25美元，每次亏损0.50美元。你已经测试它了，并且它好像是一个盈利者，当你对此交易时，一切都根据你的测试来执行。现在你在10次交易中每股盈利1美元。如果交易1000股的话，那现在你的口袋中就有1000美元了。但是，接下来的三个交易突然都出问题了。现在，你损失了500美元，而盈利被收缩了。当然，如果你再继续下去的话，该系统就会恢复。但是什么时候会恢复呢？你不知道。

现在，再想象一下相反的系统，该系统在每次盈利交易中获利3美元，而在每次亏损交易中亏损1美元。你可能连续亏损七次，但总体来说你仍然是个盈利者，更何况连续亏损七次的可能性很小。

你想要交易哪个系统？哪个系统给了你更多信心？是那个让你连续亏损7次但最终以获利而结束的系统，还是那个不仅两次亏损交易都紧缩你的盈利，并且让你遭受重大失败的系统？

我更倾向于那个能使我连续亏损七次，但最终仍然盈利的系统。在这两种系统中，你可能会有下跌阶段，但是我更喜欢这三个中有一个风险/回报率的系统。

第 12 章　如何寻找一种真正起作用的交易系统

总系统：当边界线成为交易系统的基础之时

最终结果是，盈利性系统会聚集在拥有 3/7 的盈/亏率的 3/1 的风险/回报率。这就是指，盈利交易中所盈利数量是亏损交易中所亏损数量的 3 倍左右。

这些数据就依赖于市场结构，它们不会在虚空中起作用。这就是基本市场结构深深扎根于资金管理比率之上的原因。这些比率强烈提示着大家对市场的期望值。因此，如果说拥有一个潜在于任何方法、模式、市场阶段或交易方法的成功交易例子之后的想法，那么它就是：成功交易完全依赖于资金管理比率，如果没有这些的话，成功交易就不会存在。

我们已经证明了一个形态的盈利目标一旦脱离了风险/回报率，它会变得多么不重要。就是这个风险/回报率赋予了形态目标的全部意义，反过来却不是如此。因此，资金管理和它的比率支配着市场。如果你明白了这一点，那么本书的目的也就达到了。因为有了比率，交易方法和系统的有效性才得以显现。我们应当总要去考虑到风险/回报率，它们是隐藏在所有系统之下的边界。

第13章 怎样创建交易计划

寻找思路

交易思路无处不在

交易思路有很多,你可以专门选用一种方法来交易,比如,向上反转的趋势或向下反转的趋势。也可以用一种形态来交易,比如,用对称三角形或者移动平均线去交易。

所有的交易思路都应当和基本市场结构来结合使用。你会找到许多能起作用的思路。你可以去尝试一些想法来看看哪一个会更适合你,然后就专门使用这一个。

专攻一个方法存有双重目的:第一,这会简化你的工作和交易。第二,它创建了对一种交易方法的关注度,从而把你打造成一个真正的专家。这样,你会了解到关于你的交易方法或模式之间存有的所有细微差别。

不管你是在进行趋势或波段、形态交易还是阶段交易,都是在建立一个存有优势的专门方法。你会比任何其他人更知道怎样用你那专门的方法进行交易,然后再用该方法创建一个有利可图的市场。在卖出产品之时,想一下交易方法,如果你发现了一个有利可图的市场,并且只有你一个人在该市场中,或者在该市场中只有非常少的人在做你正在做的事情，那么你的竞争就很小，很明显，你在市场中自然就占了上风。

大多数交易者都想交易太多，不要去模仿它们，要去创建你自己的盈利市场。

保持记笔记的习惯

你应当总是把一本笔记本放在身边，以便于随时写下你的交易构思。很快，你就会拥有足够的交易知识。这时候也要继续去做笔记，要继续把你所观察到的东西和改善后的想法等添加到其中去。

即使你拥有了一个有效系统，那也要继续去观察。该笔记本不是交易日记，而是一个想法的清单。在这儿，交易者就如发明家一般在工作着。如果你听到了一个有趣的观点，或者在半夜突然醒来时获得了一个灵感，那就立刻把它记下来，你是在笔记中收集自己的交易思想。首先，为你想要去进行交易的方法去做笔记，并去读它们，然后再去留意那些有用的部分。在每一页只写下一个想法，并标注日期。

马上你就可以选择一个能用于交易的方法了。

选择一个系统

一旦你拥有了许多方法且在笔记本中拥有了许多交易想法，那就选择其中的一些来列成清单。在每一个想法的下面都写上一个对该方法的简明扼要的描绘，也写下你要怎样去用它交易的打算。此时，将一个方法创建成一个交易系统的时刻就到来了。为此，你必须将你的方法与交易管理原素和金钱管理原素整合在一起。写下该系统和它的原素。这包括该交易方法或模式、资金管理比率，以及风险/回报率和盈/亏率等。也将你的资产分配、品种多样化和头寸尺寸加入其中。

这只是第一步的粗略草图，后期你还要对这个草图进行多次修改。

第13章 怎样创建交易计划

要做到这点就必须继续测试这些元素，并去调整它们，并且在做的时候要注意看到你的图表和电子图表。

发展并测试你的想法

第一次测试

测试该方法或模式，并根据市场结构来检测它们的自然目标是否提供给了交易系统所必须的风险/回报率。描绘每一次观察到的。写下它的市场结构目标、风险/回报率和盈/亏率，以及其他所有的细节知识。测试许多风险/回报率和盈/亏率，即使你已经预先决定了一个专业的风险/回报率，你也需要这么去做。

去画风险/回报率和盈/亏率的分布曲线，你就会得到一幅与你的交易系统相关的市场结构精确画面。这会让你对该市场可能为你做什么或不会为你做什么并以什么样的价格都有了一个大概了解。

一旦你为一种方法已经这么做了，那就去尝试一些其他的，以此作为对比，并使你能够选择一些能在客观上符合你的期望的东西。在确定一个特殊的方法之后要去做一些研究并去否决一些数值。这么去做了之后，你就有了一个方法清单，上面的方法都是能满足你的风险/回报率、盈/亏率和其他的比率。然后把它们调整到能适合你的股票、资金配置、分散投资和止损点，等等。

现在，你有了一个系统的最初步的草图。记住，系统不是你将资金管理作为你添加进去的一些东西来用于交易的东西。绝不是这样的。系统里面就包括了资金管理。资金管理确定了该方法的结果，并验证了它们。资金管理和市场结构就是一体的，它们是一个整体。没有资金管理的市场结构是盲目的，而没有市场结构的资金管理是空洞的。

运用它并再次测试它

既然你有了第一个草图,那么在调整止损点、资产配置、投资多样化、风险/回报率、入场点和退场点的头寸尺寸和所有你需要的其他要素的时候,你就要对其进行再次测试。这是必须要的,并要根据必要尽量多地去测试。要一直保持测试,直到你已经到达了极限,且一切在理论中都进行顺利为止。一旦这一切在理论中都进行顺利,你就拥有了一个交易系统的初步模型。

你的初步模型

一旦一切都在理论上进展顺利,你的交易系统也就初步形成了模型。所有的发明者都会首先建立一个模型来初步测试他们所创建的模型是否真正起作用。这就是你已经做的。

在已经建立了你的初步模型之后,现在你就必须及时地对其进行测试。这会提供确切的证据来证明它确实起作用。但是,在测试交易系统模型之前,你必须把它整合到交易计划之中去。

该交易计划不是交易系统,它包括你的交易活动的所有元素。它是交易该系统的所有步骤的一个蓝图。不能遗漏任何东西。它开始于根据交易信号来观察市场,从而同你的经纪人一起下订单,将其写在你的电子图表中,并在日记中制作一个进入点。该计划是进行系统交易的行为蓝图,也是一个按部就班的清单。这里面也要包括心理学工具,心理学工具会使你在亏损期间或在股价下跌阶段也能够保持情感的稳定。所有这些都要考虑到你的交易计划之中去。因此,拥有了你交易系统的理论上的最终草图之后,你就可以起草交易计划了。

在交易计划中要包括你的系统。一旦所有的都就位了,你也就拥有了一个准备好能用于实际行为的交易计划了。下一步就是按照你的计划去行事，并实时地用真正的金钱去进行该系统的交易。第一个关键时刻到来了，但是你还在按你的系统行事，并且你的交易计划还是遥遥无期。你仍然面临着许多工作。一旦交易开始，这些工作也就出现了。

测试你的模型

现在必须测试你的系统模型。为此，你必须分配一些只被用于测试的资金，并且那些资金也可能在测试阶段全部亏损。该测试资金是你的研究发展经费的一部分。

想象一下石油探测的试验。石油公司要探测许多次，有时要花费数百万美元的费用，直到找到石油。交易方法的探索也是如此。你必须安排一定的资金来测试你的理论。如果做好了资金亏损的准备，这样会更好。这些资金应当有极小的可能让交易实施。把它当作是交易试验的初步措施。如果你的交易理论起作用了，就像在探测区域找到了石油一样，那么你就能获得财富。

因此，在分配一定的资金完全测试该系统之前，你决不能进行交易。要预先知道，你准备亏损的那笔资金会给你完全测试该系统的信心，这要一直持续到测试阶段完成。

该方法迅速给予你应当分配于测试模型中的资金———一笔最不可能与系统测试相兼容的资金。这笔资金数量应当包括进行系统测试所需要的所有资金量。这就是说，你会使用该交易来分配，并会有现金储蓄。假如你的系统交易了 10 000 美元的股票（这笔资金占总分配量的 30%），那么你就需要以现金的形式拥有其他的 70%。

你应当用你的模型进行精确交易，因为你将来要用它去交易，来看它是否会起作用。这其中不能失去任何元素。在真正的交易中，这会使你对系统怎样运行有一个客观的看法，并会对作为交易者的你产生影响。

在第一次测试中，你会发现需要去做许多调整。有一个调整将会是你测试的结果，它最后会是滑动损失。你要知道真正的滑动损失是不能由理论交易所知的。你也需要去作其他的较小的或主要的调整。仅仅用真实货币去交易会让所有这些都出现。你要能够调试交易系统以保证有效运行。

这不仅能应用到你的交易系统也可以作为一个整体应用到你的交易计划。你要调整你所下的单、信号观测、每日进入点以及作为你交易计划的其他任何元素。你应当自始至终地把一切都记入进来。

既然你已经真的按计划和模型去交易了，并对其进行了调试，那么你最后会拥有能起作用的且始终如一的系统和能让你自信交易的计划。一旦你拥有了这个完全起作用的计划和系统，就该进入下一步了。这一步是不可绕开的。

把一切都记录下来：制作一个操作手册

你的交易必须容易操作

既然你用了一个起作用的计划和系统，那就去交易，且所有需要的要素都必须准备好。你需要拥有所有的交易工具，并且是你所担负得起的最好的。你也需要交易软件和一个能记录你的交易的电子数据表以及执行该计划的进入点，还需要一个有条理的方法。这么说并不是指遵循交易信号来操作，而是指以另一种有条理的方法来遵循交易计划。细看下表格来辨别你的方法和信号，记录下你的交易，并在日志中制作一个入场点，等等。

在每天或每周之中你都需要一个行动流程图，你也应当有一个周历，在其中标注你在计划中指明的那一周中的这一天的任务，也应当有一个标明了每月任务的年历，在其中也能包含为下一天行动所做准备的当晚的任务。你可以用一种可见的方式注明第二天的任务，像图表学习以及为第二天下单，等等。

这就使得任务具有可见性。它会促使你将精力放于你的计划之上，并去严格按照该计划行事。它也会使得下一条约束自然生效并会去执行你的系统所发出来的信号。

严格按计划行事

让计划具有可见性有助于你严格按计划行事，这样你所有的交易才会从中获益。胡乱交易并试图决定你每天都应当去做什么是最为糟糕的事情。有了一个可视化的精确说明可遵守，你就不会允许自己以一种无纪律的杂乱方式办事。让一切井然有序对一个交易者或投资者来说是最为重要的。

你需要有一些文件，在其中所有必须的信息都迅速有效。你还需要软件支持，以防你的电脑出问题。你也应当考虑可能出错的所有情况，并在适当的位置拥有一个可选择性的计划。这样的话就算有些地方出错了，你的交易计划也不会受到影响。在几乎任何情况之下，你都可以继续交易。这会让你在按计划交易时拥有额外的信心。

将一切都记入你的操作手册中

尽管你应当建立一些文件夹，但是你不应当信任它们到可以将你的交易计划和交易系统都寄托于它们之上。也不要相信你的记忆力，这么做的话很容易迷惑。这也说明了你的组织性很差。

例如，你的文件中可能有许多针对你的系统和计划的不同方面的进入点。也可能你有一个收集了许多图表在其中的文件；而在另一个文件中，可能你会继续学习风险/回报率和其他的统计信息，等等。当开始交易之时，你可能忘记了你要将哪一个比率应用到哪一个方法之中，或者忘记了你具体是根据哪一个信号来交易的。如果你没有组织好信息的话，这些情况都是很容易发生的。

如果你相信你的记忆力的话，也可能会发生同样的情况。你可能会忘记你的交易计划和交易系统中的所有元素。因此，你不仅应当把一切都记录下来，还要把它们记录在一个重要的位置，而该位置就是你的操作手册。这里面应当包括你的交易计划、交易系统、系统统计信息以及你所要求的所有信息。

在操作手册中，你会只在一个地方找到所有你所需要的，从而来完美执行你的交易计划。对交易来说，你的交易计划就等同于商业计划。它会告诉你，你将要做什么，怎样去做，接下来的步骤是什么，以及预期的结果是什么。

第 14 章　现在尝试一下这个简单实验

建立你自己的交易实验室

你的交易实验室

本章是交易的实践练习。要理解的主要观点是，在一个系统完全发展成型并整合到一个计划中去之前，绝不要用该系统去进行交易。大多数新手因为缺少研究、测试和努力工作而亏损了金钱，这些都是为了自信交易而创建稳健系统所必须的。

这些要亏损的数额是实验性的经费，它们是研究和发展一个健全的交易系统所需经费的一部分，你所买进的现成系统也是如此。它们都应当被理解、研究和测试。

在试图理解、测试并使用一个现成系统交易的时候，也应当跟随被用于从零开始创建一个系统的所有步骤。这从根本上说明现实资产金钱的损失都只是你的错。

在这儿我希望你去做的第一件事情就是创建一个交易实验室。在里面，你能够研究和收集在创建和测试你的系统时所需要的信息。它要包括所有的元素，像交易图书馆、文件、笔记本和软件，等等。

你的图书馆

交易者就是读者，你现在正在读这本书。想要去交易，你就需要获得交易方面的知识。你应当去阅读一些作者的书，比如，查尔斯·道、杰西·利弗莫尔、W. D. 江恩以及其他人。

这是必须的，你必须收集一些交易和投资方面的书籍，并且要不断地去扩大收集量。那里也总有一些人，他们在创建新鲜又有趣的东西，我们也要去关注它们。

你的文件

你也应当有一些文件，在其中有你收集的一些有趣的交易信息、文章以及你自己的测试和发展结果。

你的笔记本

我已经提到过拥有笔记本的必要性，在其中你可以记录一些交易想法，不管你自己的还是其他人的想法都可记录其中。这些都是你的交易实验室的主要工具。

软件和电子表格

你需要交易软件，用这些软件可以分析图表，探索各种方案，并测试公式和系统。我是使用 Metastock，你也需要一个 excel 类型的电子表格来学习和记录交易。

一旦你用以上所提到的东西来装备自己，你就能开始研究和创建你的第一个系统。

创建你的第一个交易系统

使用这个简单的系统

现在你要创建一个简单的系统。该系统将建立在交易三重底突破之上。进入信号就是三重底之后的上升反转和突破。

一旦这些条件得到了满足，你就在第一个上升的强力三合线进入。要去继续该交易，一直到满足风险/回报率为止。一旦达到了这点，你就卖出，只保留20%的利润。然后，就要开始收窄止损，并让该交易继续下去。当移动止损触发的时候，你就可以退出了。你最初的止损点是放在三合线的底部反转点之上。

使用风险/回报率和盈/亏率

你将要使用的风险/回报率是3∶1。你应当只在该目标可能存在的地方去进行交易。在这儿，你也必须学习过往交易。开始时，收集10个样例，如果成功了的话，就将这10个样例扩展到25个。保持在3∶10的盈/亏比率之内。如果你的系统在10次交易中少于3次盈利，那就将其废弃。一直要这么做，直到你拥有了足够的盈/亏率和风险/回报率。

使用头寸调整

在入场处用所有的头寸买入。

使用资产配置

只将你所有资产的10%用于交易，不要再多。这样的话，你的总亏损也限制在了10%。这允许你在每笔交易中设置止损高达10%，也就是说需要多于10%的原始止损的交易不应当进入市场，该10%的止损相当于你全部资产1%的止损。

执行测试

现在开始执行你的测试，也要把你的经纪人佣金考虑进去。该风险/回报率应当是佣金净值。即在扣除了佣金之后，风险/回报率达到3∶1。

现在就去做！

准备好去交易：从纸上交易开始

用你的系统从纸上交易不同的股票。如果，在当下有些事情需要调整，那就去做。要一直把你观察到的记录下来。

执行第一组交易

用真实货币交易你的模型的时刻到来了。记住，这笔钱是你的研究和发展经费的一部分，你要做好亏损的准备。每笔交易的风险不要超过你全部资产的 1%。

现在就去执行交易。如果下跌超过了你的预期，那就必须重新考虑该系统。首先，做 10 次交易。如果所有的交易都按照计划运行的话，那就再做 10 次交易。然后停止交易。

回到制图板上来

你已经用你的系统进行交易了，且已经执行了 20 笔交易。现在修改一下你的系统。不管是需要较小的还是较大的调整，你都要去做，一旦你作了调整，那就可以再次去进行交易了。

执行你的第二组交易

再一次去进行 10 个交易，如果成功了的话，那接下来就再去做 10 个交易。做有必要的调整，然后再交易两组实验，每组 10 个。当不再需要调整时，你就能用你的系统进行正常交易了。但是，在你这么做之前，先做一下下面的事情。

综合实施：现在你就拥有一个计划了

既然你拥有了一个起作用的系统，那就要把最终的操作计划和交易该系统的操作工序说明书写下来，这包括所有的最终调整。现在你就做好准备，用你的系统去正常交易了。

结　语

本书的主要目的在于培养大家更关注市场结构的关联性。没有市场结构描绘就进行交易就像是一个没有向导的盲人。市场结构就是市场知识的关键所在。我必须强调的是，在交易或研究市场之时，没有任何东西可以取代基本市场结构的知识。就是这种知识帮助你看清是什么在真正起着作用。

只有当同作为背景的基本市场一起交易之时，数学指标才会获得其真实的尺度。随机的移动平均线或者你所使用的任何其他的指标，在不将其和市场结构相对比的时候，它们都是盲目的。市场结构本身同资金管理就有一个内部联系。我们对市场的理解力都和我们期望从市场中所得到的密切相连。

市场参与者进行交易和投资，他们的动机、理解力和行为都隐藏在所有的市场行为之后。基本市场结构只在一定程度上描绘了该行为。

反转点、波段和三合线都是该组建体系的主要元素，它使我们能描绘市场行为。它们位于市场阶段和形态之后，这是由对价值/价格的理解和买进或卖出力量所引起的。在所有市场参与者看来，挣钱就是目标。这是交易者和投资者们极为相像的普遍目标，也是分析家们在错位的方式上的目标。这就是为什么说市场结构和资金管理其实是一个整体的原因。一个市场阶段或形态都有一个盈利目标，它可能会也或者可能不会满足特定的风险/回报率。这就是为什么形态盈利目标和风险/回报目标联合在一起形成了一个不可分割的整体。

交易和投资智慧告诉你太快卖出比太晚卖出更好，也告诉我们在一笔交易结束之前，赢不算是真的赢，亏损也不是真的亏损。这就是说，一个交易必须有一个包含了它的风险/回报率的目标。根据出现的低价来看，只有退出才会获取利益或亏损。它们在市场结构和资金管理的交叉处发生。

基本市场结构就是在这里才成为精确测量市场的独特工具，这是多亏了被反转点和三合线所创建的波段。在测量市场之时，交易者能将他的期望值量化，并将其构建成一个交易系统。这对那些能用基本市场结构顺利地找到哪些市场条件适合风险/回报期望的长期投资者来说也是如此。当市场现况和你的投资目标能自我识别时，那么你在市场中也就成功了。

最后说一句，市场其实是你自己构建的。

附录：三合线公式（Metastock 语言）

公式1：下降三合线

```
m1:= H>Ref(H,-1) AND L>Ref(L,-1);
m2:= H>Ref(H,-2) AND L>Ref(L,-2) AND
H>Ref(H,-1) AND L<Ref(L,-1);
m3:= H>Ref(H,-3) AND L>Ref(L,-3) AND
H>Ref(H,-2) AND L<Ref(L,-2) AND
H>Ref(H,-1) AND L<Ref(L,-1);
mark:= m1 OR m2 OR m3;
set:=L<ValueWhen(1,mark,L) AND H<ValueWhen(1,mark,H) AND
HighestSince(1,Ref(mark,-1),H) < ValueWhen(1,mark,H);
sig:= If(mark,1, If(set, 0, PREV));
Cross(sig=0,0.5)
```

公式2：上升三合线

```
m1:=H<Ref(H,-1) AND L<Ref(L,-1);
m2:=H<Ref(H,-2) AND L<Ref(L,-2) AND
H>Ref(H,-1) AND L<Ref(L,-1);
m3:=H<Ref(H,-3) AND L<Ref(L,-3) AND
H>Ref(H,-2) AND L<Ref(L,-2) AND
H>Ref(H,-1) AND L<Ref(L,-1);
mark:= m1 OR m2 OR m3;
set:=L >ValueWhen(1,mark,L) AND H>ValueWhen(1,mark,H) AND
lowestSince(1,Ref(mark,-1),L) > ValueWhen(1,mark,L);
sig:= If(mark,1, If(set, 0, PREV));
Cross(sig=0,0.5)
```